7가지 방법으로 남녀궁합 보는법

복덩이 남녀 맞는

궁합보기

김용호 편저

신랑 신부 행운의 궁합

- 부록 -

1. 육갑법
2. 음양
3. 오행
4. 이십사절
5. 사주정하는 법
6. 신살
7. 남녀궁합법
8. 택일문
9. 기조문
10. 택일신살정극

법문 북스

7가지 방법으로 **남녀궁합** 보는법

복덩이 남녀 맞는

궁합보기

김풍호 편저

신랑 신부 행운의 궁합

-부록-

법문 북스

머리말

여러분은 연애지상주의만을 주장하고 고집하겠는가? 그리고 궁합을 보는 것은 낡은 유물이라고만 생각하고 있었던 것은 아닌가?

우리는 지금 과학만능시대에 살고 있음이 사실이다. 과학이 모든 문제를 해결할 수 있다고 생각하는 사고방식이다. 사고방식을 좀 더 넓게 생각해보면 과학적인 방법은 현미경이나 실험을 통해서 사물을 들여다보고 검증할 수 있을 때만 인정된다. 그러나 그 현미경은 인간의 좁은 지식으로 만들어진 것임을 미처 생각하지 못한다.

공간적인 분야는 과학이고, 시간적인 분야는 비과학적이기 때문에 시간적인 분야를 미신이라고 몰아세우게 된다. 그러면서도 우리는 실생활에 있어서는 공간적인 분야의 관심보다 시간적인 분야에 훨씬 높은 비중을 두고 살고 있는 것이다. 때문에 눈앞에 어려움이 닥치면 역술가나 관상가를 찾아가 인생 상담을 하기도 한다.

궁합을 보는 것도 신비한 인간의 성격이나 운명을 과학적으로는 도저히 검증할 수 없기 때문에 오랜 옛날부터 이미 발달된 심오한 동양철학의 음양오행학으로 인간의 속성을 구명하고 가장 현명한 선택을 통해서 운명을 개척하려는 것이다.

나이가 차서 혼기에 접어들면 빨리 알맞은 배필을 찾아 결혼을 해서 행복한 가정을 가져야 하는 것이 정상적인 인생행로인데, 불행하게도 생극(生剋)의 조화나 음양의 조화가 맞지 않게 결합되어 불행한 삶을 살고 있는 사람들을 얼마든지 볼 수 있다.

좋은 짝을 찾는 일은 바로 한 사람의 연출가와 한 사람의 관객뿐인 「스테이지」라고 할 수 있다. 그 연출가와 관객이 서로 호흡이 맞아 박수갈채를 보내면서 의기 상통할 때 비로소 상호간의 만족과 행복감을 얻을 수 있다. 그런 배필을 궁합으로 찾아서 그의 운명이나 성격을 미리 알고, 이상형을 찾는다면 그만큼 의의(意義)있는 일도 없을 것이다. 세상이 핵가족으로 분화(分化)를 가속화하고 그에 따라 이혼율도 그만큼 높아가고 있음을 우리는 알고 있다. 요즘 가정법원에 가보면 많은 사람들이 시무룩하고 맥 빠진, 그리고 긴장된 표정으로 이혼재판을 기다린다. 재판 절차도 지극히 간단하여 「동의합니까?」의 한마디로 결정된다. 왜 이렇게 분열상태가 연쇄 반응식으로 증가해 가는 것일까? 이것은 오늘날 문명사회의 불행이 아닐 수 없다.

그러나 당신이 궁합을 보는 방법을 한 가지만이라도 알고 현명한 선택을 한다면 평생 행복을 누리는 길이 될 수 있으며 역술가를 항상 대동하고 있는 것과 같을 수 있다.

궁합법은 오랜 옛날부터 있어 왔으나 다른 역리학에 비하여 독립적으로 발달되지 못하고 그 일부분으로만 취급되어 왔을 뿐만 아니라, 알기 어렵게 학구적으로 기술되어 있어서 상당한 기초 지식이 없이는 이해하기 힘들게 되어 있는 경우가 많다.

원래 궁합은 예로부터 사주의 음양오행의 판단방법으로 보아왔으나 현대적인 감각은 직감적인 것을 요구한다.

서로가 서먹서먹한 사이에 상대방의 생년·월·일·시를 일일이 물어서 역술가에게 자문을 청하는 것이 거북스럽기도 하거니와 고리타분하게 느껴질 때도 있고, 시간적 여유를 마련하기 힘들며 심지어 궁합 보는 것을 경멸하기도 한다. 이것을 꼭 허물로만 생각할 수 없다. 왜냐하면 세상은 그렇게 급하게 돌아가고 있기 때문이다. 본인은 이점에 착안하여 역리학적인 사주명리의 방법 외에 첫인상, 관상, 수상, 구성학, 납음오행 등의 다각적인 측면을 조명하여 독자의 기호에 맞게 기술하려고 노력하였다.

이 책이 독자들의 인생 항로를 개척하는 길이가 될 수 있다면 큰 보람이 되겠다.

편저자 드림

목 차

● 좋은 신랑, 좋은 신부(사주명리학으로 본 궁합)

첫 인상(人相)으로
본 궁합

궁합의 역사

　궁합은 옛날부터 독자적인 학문으로 그 영역을 점유하고 있었던 것은 아니다. 다만 주역(周易)을 근원으로 하여 오행이나 음양의 상호작용과 그 조화를 응용하여 궁합을 보아왔다.

　주역에 대한 근거 문헌은 확정적으로 누구의 저서라든가, 연대 등을 밝히기는 어렵다. 그러나 대충 살펴보면 주역의 본래의 명칭은 역(易)이지만 주대(周代)에 완성되었다 하여 주역이라고 불리어졌고 그 이전에는 연산역(連山易)과 귀장역(歸藏易)이란 것이 있었는데 이 셋을 묶어서 삼역(三易)이라 하였다.

　그 기원에 대해서는 많은 설이 있으나 연산역은 하대(夏代)에, 그리고 귀장역은 은대(殷代)에 행해졌다는 설이 유력하다.

　주역의 저자에 대해서도 신농씨(神農氏), 우왕(禹王), 주문왕(周文王) 또는 복희씨(伏犧氏)) 등을 들고 있으나 이 책에서는 그런 학술적인 구명은 뒤로 미루고 오히려 동양철학의 정신사적 측면을 추려보는 것이 더 유익할 것 같다.

역의 이념적 기원은 첫째, 석척설(蜥蜴設)로써 도마뱀의 모양을 비유하여 만들어졌는데 도마뱀은 태양광선의 영향이나 주위 환경에 예민하게 적응하여 보호색을 띠는 동물이기 때문에 인생행로의 온갖 변화에 대응하여 생활의 지혜와 진로를 암시해 주는 데서 그 기원적 이념을 딴 것이라고 본다.

둘째는 일월설(日月設)인데 신빙성은 적은 편이다.

셋째는 일경관측설(日景觀測設)로써 易자의 日은 태양을, 勿은 금지 명령 등을 뜻한다고 주장한 것이다. 그날의 일경을 관측하고 진퇴를 규정하였다는 데서 勿자가 성립되었다는 설이다.

궁합의 연유도 이런 일경관측설 등에서 비롯되어 사주오행으로 발달했으며 인륜의 대사를 결정짓는 준칙으로 이용하게 된 것이다.

사주오행은 생년 · 월 · 일 · 시를 오행(木火土金水)의 다섯 가지 원소의 상호작용으로 비유, 그 길(吉) · 흉(凶)을 점쳐보는 것이나 우리나라에서도 옛날부터 혼사가 이루어질 때는 궁중에서나 민간에서 반드시 궁합을 보아왔고 오늘날에도 우리의 생활문화가 된 것이다.

첫 인상(印象)으로 본 궁합

상가(相家), 즉 상을 보는 사람들이 흔히 감초같이 쓰는 말에 만상 불여심상(萬相不如心相)이란 말이 있다. 이것은 심상(心相)이 그만큼 중요하다는 말이다. 그러나 그 마음은 볼 수도 없거니와 만져지지도 않는다. 그렇다고 없는 것이라고 한다면 마치 흐르는 전기가 보이지 않는다고 하여 부정하는 것과 같다.

그렇다. 인간에게는 마음이 작용하는 육감과 이성이 있기에 위대한 동물인 것이다. 그러나 사람을 대할 때 그의 외모만 보고서 판단하는 것은 잘못이라고 말할 수도 없다. 왜냐하면 사람이 풍기는 그 독특한 「뉘앙스」는 곧 마음을 상징하는 작품이기 때문이다. 따라서 외모나 태도, 행동을 보고 우리는 그 사람의 마음을 점친다.

첫인상의 이것저것

첫인상(First impression)은 사람의 성격이나 사람의 됨됨이, 개성의 특징 등을 무의식중에 밖으로 나타낼 때 처음 느끼게 하는 분위기이기 때문에 그 사람의 인품을 판단하는 최초의 가치이다.

그 첫인상을 통해서 사람이 착하게 생겼다든지, 또는 독하게 보인다든지, 기타 교양이나 장애가 있다, 없다 등으로 미리 점쳐보게 되는 것이다. 첫인상이 독특하다든지 어딘지 모르게 좋은 인상을 받았을 때 그 인상은 오래도록 머리에 남게 한다.

그러면 좋은 인상은 어떤 것일까? 몇 가지로 나누어 보면,

첫째, 좋은 분위기의 장소에서

둘째, 몸가짐이 얌전하고

셋째, 어른을 모시는 태도가 정중하고

넷째, 복장 · 태도 · 말씨에서 상스러움이 없어야 한다.

1. 좋은 데이트 장소

상대방을 먼저 청하든지 또는 초청을 받아 「데이트」장소에 나갈 때 그 장소의 선정은 문제 전개의 관건이 될 수 있다.

- 인적이 번잡하여 주위가 산만하다.
- 소음이 심하여 주위 집중이 안 된다.
- 환경이 정돈되지 않거나 지저분하다.
- 손질되지 않은 가구, 분재, 장식품 등이 불규칙하다.

이러한 장소 선정의 문제는 사람의 인품까지도 알아볼 수 있게 한다.

이러한 장소에서 대화가 잘 진척이 안 되면 곧 신경질적인 반응을 보이게 되고, 정서 안정이 안 되어 안절부절못하여 문제의 핵심으로 파고들지 못하게 된다. 결국은 장소를 빨리 떠나고 싶게 되어 문제는 파탄으로 끝난다.

따라서 좀 한갓지고 정결하고 아늑한 분위기를 조성해 주는 조용한 장소로 신경을 쓸 필요가 있다.

장소 선정의 문제는 선정한 사람의 인격과 인품에 「플러스」 또는 「마이너스」요인으로 작용한다.

S씨의 경우

장소를 찾기 쉽다고 해서 시내 교통이 번잡한 네거리 모퉁이에 있는 호텔 1층 커피숍에서 양가 가족이 만나고 있었다. 커피숍 중앙으로는 이층으로 통하는 통로가 좌석 옆으로 있었고, 왕래하는 사람도 많았다. 밖에는 경적이나 타이어 마찰음 등의 교통 소음이 시끄럽다.

양가 사람들의 소개 인사가 교환되고 서로의 가정사정이야기와 덕담이 오고가는데 분주하게 옆을 지나가던 웨이터가 마주 오던 사람과 부딪쳐 의자가 쓰러지고 말았다. 사방을 훑어보니 화분의 모양도 조화 없이 크기만 한데 화분은 지저분하다.

이런 분위기 속에 대화마저 진척이 없으니 여자는 상을 찡그리더니 후일을 약속하고 그 자리를 떠났다. 결국은 그것으로 끝이 난 셈이다.

2. 상대방의 몸가짐을 보라

몸가짐은 평소의 생활태도를 그대로 반영한다. 조심한다 해도 무의식중에 그 습성을 감출 수 없거니와 또한 조심을 지나치게 하면 오히려 실례를 범하게 된다.

그래서 이 몸가짐에 따라서 상대방에게 혐오감을 주기도 하고 호감을 주기도 한다.

예를 들어 의자나 자리에 앉을 때는 먼저 양해를 구한다든지, 담배를 피울 때는 허락을 구한다든지, 또는 기침을 했을 때는 「미안하다」
라는 인사를 하는 등의 사소한 예의차림은 오히려 「플러스」요인이
될 수도 있다.

이 몸가짐에서 그 사람의 성격과 운세를 본다.

정서가 불안한 사람

대화 중 손이나 발, 또는 몸의 일부를 경솔하게 움직이며 안절부절
못하는 사람.

◎ 성격과 운세

· 정신 집중력이 희박하여 의지력이 약하다.

· 사물을 보는 판단력이 편협하다.

· 요령만 발달하여 무엇이나 적당주의로 처리하고 만다.

· 위기 대처 능력이 없다.

· 입신출세나 축재(蓄財)도 어렵다.

시선과 손발의 움직임이 경솔한 사람

손에 물건이나 책 등을 들었다 났다 하며 시선의 방향이 일정치 못한 사람.

◎ 성격과 궁합

- 이런 사람은 이미 관심이 없거나 의중에 딴사람을 마음에 두고 있는 사람이다.
- 목적의식이 희박하여 팔방미인 격이거나 때로는 안하무인격이다.
- 낭비 성향이 강하다.
- 인내력이 부족하고 교통사고 등의 위험이 있다.

약점이 있는 사람

눈을 아래위로 뜨면서 자주 흘겨보는 사람.

◎ 성격과 궁합

- 기회주의적인 성격이며 남의 약점만을 파고들고 반항적이다.
- 고립형으로 남과 어울리지 못한다.
- 이기심만이 발달되어 자기에게 득이 되는 일이라면 체면 없이 비굴해지기도 한다.
- **기부(欺夫)사처(詐妻)** ─ 「남편이나 처를 속인다」하여 빈곤할 상이다.

3. 어른을 모시는 태도에서

어른들과 자리를 같이할 때 어른을 돌보는 태도로 교양의 정도를 알 수 있다. 길을 걸을 때의 보조 역할이나 옷매무새 가다듬어주기, 어른 말을 앞세우는 조심성, 앉을 자리의 돌보기 등을 보면 그 사람의 인품을 안다.

◎ 성격과 운세
- 이런 사람은 효자이며 윗사람을 공경할 줄 안다.
- 가풍과 관습을 중히 알기에 몸가짐이나 언어에 조심성이 있는 중후한 사람이다.
- 판단력이 공평무사하고 관대하기에 중임을 맡아 출세가 빠르다.
- 처를 사랑하는 온정가이며 아랫사람을 너그럽게 대해준다.
- 예의와 절제가 강하여 부귀 장수할 사람이다.

4. 복장, 말씨에서

고급스럽지는 않지만 깨끗하게 손질된 의복과 정중한 몸놀림, 탁 트인 명랑한 목소리는 사람에게 좋은 인상을 준다.

◎ **성격과 운세**

■ 사회생활이나 내조를 잘하는 사람이다.

■ 성실하고 근면하여 남의 도움을 받아 출세가 용이하다.

■ 염치를 알고 분에 넘치는 행동은 삼갈 줄 안다.

■ 앞뒤를 깨끗이 정리하고 끝맺음을 잘한다.

■ 공무원이나 재정, 경리직에 종사하면 일취월장 출세하기 쉽다.

■ 맑은 목소리에 명랑한 음성을 가진 사람은 설득력이 있고 교사,
  정치가, 연예계에 진출함이 좋다.

첫인상의 대의(大意)

  이상 몇 가지로 나누어 인상의 중요함을 기술하였으나 그 외 일일이 지적할 수 없는 숨겨진 인상의 특징은 얼마든지 있을 수 있다. 그러나 성운(盛運)을 맞이하는 사람이나 개운(開運)하게 될 사람은 먼저 무슨 난관(難關)이라도 타고 넘는다는 의기(意氣)가 넘쳐 그 목적의식이 강하기 때문에 그 용모나 태도에서 남다른 정제(整齊)감이 있고, 우유부단(優柔不斷)함이 없다.

  따라서 남에게 신뢰감을 주게 되어 출세를 하거나 축재를 하여 대부(大富)도 되는 것이다.

띠로 보는
궁합

일간(日干)·일지(日支)띠로 보는 궁합

　우리의 생활문화 속에 바탕이 되어온 동양철학은 음양(陰陽) 오행 (五行)이 그 근본 사상이다. 우리가 접하는 모든 사물 뿐 아니라 천지 간의 모든 것이 음과 양, 오행으로 구성되었으니 이것을 체계화한 것 이 천간(天干), 지지(地支)이다.

　지구상에 그토록 많은 인구가 살고 있지만 그것을 종합 요약하면 그들의 성격 형성이나 운명도 이 음양, 오행의 범주를 벗어날 수 없 다. 이러한 **천리(天理)**에 순응하며 사는 사람은 한평생을 후회 없이 사는 사람일 것이다.

　생일의 **일간(日干), 일지(日支)를** 서로 비교하여 가장 이상적인 음 양, 오행이 맞는 궁합을 찾을 수 있다면 다행한 일이다.

생일로 보는 궁합

태어난 날의 일진(日辰)을 기준으로 하여 남녀간의 궁합을 **일간(日干)끼리** 대조하고 또 **일지(日支)**는 일지끼리 대조하여 보는 방법으로 생년으로 보는 궁합법보다 구체적이고 세밀한 작용을 알 수 있다.

육친(六親)이라면 일가족을 말하며 한 가정을 이루고 산다. 육친은 부·모·형·제·처(여자는 남편)·자를 말하는데 사주(四柱)학의 육신법에서는 당사자의 **일간(日干)을** 기준으로 상생(相生)·상극(相剋)·비화(比和) 관계를 헤아려 육친을 정해서 판단한다.

사주(四柱)는 생년·월·일·시의 여덟 자(八字)에는 각각 음양과 오행이 매겨져 있어서 서로 상생이 되거나 상극이 되거나 비화가 되도록 되어 있다.

그래서 당사자인 주인공의 생일인 일간의 음양과 오행을 기준으로 생극비화를 따져 육친의 위치와 상호관계를 안다.

일간을 생하는 자를 부모로 하고 일간이 생하는 자를 자녀, 일간을 극하는 자를 관성(官星: 여자라면 남편이 되고 남자라면 자녀), 일간이 극하는 자를 아내[妻星]라 한다.

예를 들어 남자가 갑(甲)일생이라면 갑은 오행이 목(木)에 해당되는데, 목(木)을 생하는 자는 수(水)이기 때문에 수생목, 수는 간지(干地)가 임계해자(壬癸亥子)이니 이들이 부모가 되는 셈이다. 목이 생하는 자는 화(火)이니 목생화(木生火)가 된다. 화는 간지가 병정사오(丙丁巳午)가 되니 이것이 자녀이고, 목을 극하는 것은 금(金)이니 바로 금극목, 금은 경신신유(庚辛申酉)에 해당되니 이것이 관성(官星: 남자는 자녀이고 여자는 남편)이다. 목이 극하는 것은 토(土)이니 목극토, 토는 무기진술축미(戊己辰戌丑未)이니까 처성이요, 목과 같은 오행은 목이니까 목은 갑을인묘(甲乙寅卯)가 되고 이들은 갑목(甲木)의 형제에 해당되는 것이다.

이상은 궁합을 보기 위해 남편과 아내가 되는 원리를 설명하는 과정에서 육친이 정해지는 원리를 간단히 설명했으나 문제는 자기만이 아니라 상대방의 생일의 일진이 무엇이며 일진의 음양, 오행이 무엇인지를 똑바로 알아야 한다.

일간 갑(甲)일 때의 육친관계 상극도

나, 甲⇄甲 형제(甲乙寅卯

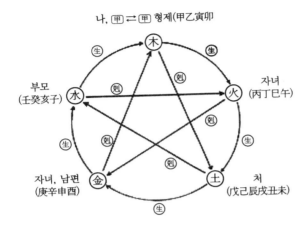

⊙ 부부의 상관관계

남편[天星]과 아내[妻星]의 상관관계는 상극으로 이루어지는바 극을 받는 입장이 아내가 되고 극을 하는 입장이 남편이 된다.

가령, 남편이 목(木)이라면 토(土)가 아내이고, 아내가 목(木)이라면 금(金)이 남편이다. 구체적으로 말하면 일간이 극하는 자로서 음양이 같으면 편처(偏妻)라 하고 음양이 다르면 정처(正妻)라 한다. 또한 일간을 극하는 자가 음양이 같으면 편부(偏夫)라 하고 음양이 다르면 정부(正夫)라 한다.

정(正)이라 함은 정식 결혼한 부부를 말하고 편(偏)은 비공식 애인 등을 칭하는 말이나 이는 원칙일 뿐 꼭 그런 것은 아니다.

남녀별, 일간별로 참고로 표기하면 아래와 같다.

일간		甲	乙	丙	丁	戊	己	庚	辛	壬	癸	비고
남 남	정처	己	戊	辛	庚	癸	壬	乙	甲	丁	丙	상대방 일간
	편처	戊	己	庚	辛	壬	癸	甲	乙	丙	丁	
여 여	정부	辛	庚	癸	壬	乙	甲	丁	丙	己	戊	상대방 일간
	편부	庚	辛	壬	癸	甲	乙	丙	丁	戊	己	

가령, 갑(甲)일생 남자라면 기토(己土)가 정처이고, 무토(戊土)가 편처이고, 여자는 신금(辛金)이 정부요, 경금(庚金)이 편부이다.

일간(日干)으로 보는 궁합

⊙ 양간(陽干)과 음간(陰干)

부부는 남과 여의 결합이므로 사실상 양과 음의 배합으로 이루어진다.

그러므로 남자는 갑병무경임(甲丙戊庚壬)의 **양간을** 타고 태어난 사람이 좋다. 남자는 사회에 진출하여 적극적으로 활동하여 돈을 벌어서 가족을 부양해야 한다. 사회생활을 하는 데 활동적이지 못하고 매사에 소극적인 사람은 살아가기 점점 힘이 드는 세상이 되어가고 있다.

그러므로 활동적이고 강한 것은 일반적으로 봐서 음간인 것보다는 양간이다. 그러나 이것도 절대적인 것은 아니다. 왜냐하면 주위환경의 변수는 많기 때문에 여러 가지 여건을 참작해야 한다.

음간이면서도 건강한 사주를 태어난 사람도 있고, 양간으로 태어나도 허약한 사람이 있다.

여자는 을정기신계(乙丁己辛癸)의 음일생의 여자가 가장 이상적이긴 하나 반드시 그래야만 한다는 것은 아니다. 여자가 양간이라도 음간의 남자를 만나면 좋은 궁합이라고 할 수 있다.

그러나 양일생 남자가 양일생 여자를 만나거나 또는 음일생 여자가 음일생인 남자를 만난다면 전기나 자석의 작용과 같이 상극이 되어 서로 배척하고 충돌하며 살게 된다.

⊙ 부부 배합법

이 배합은 남녀가 상극관계를 이루되 남자의 일간이 여자의 일간을 극하고 여자의 입장에서는 자신의 생일간을 극하는 남자를 만난 경우에 원리적인 부처(夫妻) 관계가 되는 것이다.

이 부처관계는 정합(正合)과 준합(準合), 편합(偏合)의 세 가지로 구분하는바 그 중에서 정합이 가장 이상적인 궁합이고 그 다음이 준합이며, 편합도 무방한 궁합이다.

천간에는 갑(甲)·을(乙)·병(丙)·정(丁)·무(戊)·기(己)·경(庚)·신(辛)·임(壬)·계(癸) 10개의 간으로 구성되어 있다. 이것을 달리 10간(十干)이라고도 한다. 이 10간은 다시 음양오행의 기로 나누어지며 각자 특유한 성질을 가지고 있다.

오행	천간	음양	성 질	방위
木	甲	⊕	순수한 양목, 웅장한 수목, 재목, 굳은 나무	동
	乙	⊖	작은 수목, 지주가 필요한 등나무, 분재목	
火	丙	⊕	태양의 불, 맹렬한 불, 용광로의 불, 약한 불	남
	丁	⊖	등불, 볕, 화롯불, 조리용 불	
土	戊	⊕	큰 산, 육지, 웅장한 제방, 지구	중앙
	己	⊖	화단의 흙, 논밭의 흙, 토목배양토, 곡물발육	
金	庚	⊕	생사 여탈의 권력, 하늘의 달, 땅의 원광석	서
	辛	⊖	성질 유순, 팔찌목걸이 금, 세공된 금	
水	壬	⊕	바다, 거대한 댐, 호수, 유통부지, 외음내강	북
	癸	⊖	은하수, 이슬, 눈, 작은 못, 개울물	

⊙ 정합(正合)의 궁합

갑(甲)일생 남자 — 기(己)일생 여자

병(丙)일생 남자 — 신(辛)일생 여자

경(庚)일생 남자 — 을(乙)일생 여자

무(戊)일생 남자 — 계(癸)일생 여자

임(壬)일생 남자 — 정(丁)일생 여자

위와 같은 정합은 양일생 남자와 음일생 여자의 궁합으로 정부(正夫) 정처(正妻)의 배합으로 최상의 궁합이나 이것은 어디까지나 원리적인 궁합이다.

⊙ 준합(準合)의 궁합

을(乙)일생 남자 — 무(戊)일생 여자

정(丁)일생 남자 — 경(庚)일생 여자

기(己)일생 남자 — 임(壬)일생 여자

신(辛)일생 남자 — 갑(甲)일생 여자

계(癸)일생 남자 — 병(丙)일생 여자

위 궁합의 배합은 음일(陰日)생 남자와 양일(陽日)생 여자의 궁합으로 이것 역시 정부(正夫) 정처(正妻)로 이루어진 좋은 궁합이다. 양남음녀(陽男陰女)의 궁합 못지않으나 다소 떨어진다고 할 수 있다.

이런 궁합은 오히려 남편이 안하무인격이고 외부 지향적인 성격보다 아내에게 정신적으로 의지하는 가화(家和)를 중히 여기는 성질이 있어서 좋고, 여자는 아내로서 남편에게 여성 본연의 모성애를 발휘함과 동시 가정사를 이끌어 가는 경향이 있으므로 어떤 면에서는 정합보다 화락하게 부부생활을 유지해 나갈 수 있을 것이다.

⊙ 편합(偏合)의 궁합

갑(甲)일생 남자 — 무(戊)일생 여자

을(乙)일생 남자 — 기(己)일생 여자

병(丙)일생 남자 — 경(庚)일생 여자

정(丁)일생 남자 — 신(辛)일생 여자

무(戊)일생 남자 — 임(壬)일생 여자

기(己)일생 남자 — 계(癸)일생 여자

경(庚)일생 남자 — 갑(甲)일생 여자

신(辛)일생 남자 — 을(乙)일생 여자

임(壬)일생 남자 — **병(丙)일생 여자**

계(癸)일생 남자 — 정(丁)일생 여자

이 궁합의 배합은 양과 양·음과 음의 배합으로 이루어진 궁합이다. 이런 배합을 비화라고도 한다. 정합이나 준합만은 못하나 상극관계는 아니기에 무난하다고 본다. 이런 궁합으로 맺어진 사람은 자제력을 갖고 결혼생활을 한다면 무난하다.

생(生)·극(剋)으로 보는 궁합

위에서 설명한 정합이나 준합, 편합에 해당하지 않는 궁합이나 불만족하다고 생각되는 배합의 사람은 아래 설명하는 바대로 남녀 일간을 오행으로 따져 상생인가 상극인가를 따져보아 상생이라면 좋을 것이고, 상극이라면 나쁜 궁합이라고 알면 된다. (육친관계 상극도 참조)

다만 상생(相生)은 남자가 여자를 생하거나 여자가 남자를 생하는 것은 다 좋은 궁합이고, 상극관계는 남자가 여자를 극하면 자연 정합이나 준합, 편합이 되어 무방하나 여자가 남자를 극하는 상극은 좋지 않다.

⊙ 상생궁합(상)

갑을(甲乙)일생 남자 — 병정(丙丁)일생 여자

병정(丙丁)일생 남자 — 무기(戊己)일생 여자

무기(戊己)일생 남자 — 경신(庚辛)일생 여자

경신(庚辛)일생 남자 — 임계(壬癸)일생 여자

임계(壬癸)일생 남자 — 갑을(甲乙)일생 여자

⊙ 상생궁합(중)

갑을(甲乙)일생 남자 — 임계(壬癸)일생 여자

병정(丙丁)일생 남자 — 갑을(甲乙)일생 여자

무기(戊己)일생 남자 — 병정(丙丁)일생 여자

경신(庚辛)일생 남자 — 무기(戊己)일생 여자

임계(壬癸)일생 남자 — 경신(庚辛)일생 여자

이상의 궁합은 남자가 여자를 생(生)하든가(상), 여자가 남자를 생해 주는(중) 궁합이기 때문에 다 길한 궁합이다.

⊙ 상극궁합(하)

갑을(甲乙)일생 남자 — 경신(庚辛)일생 여자

병정(丙丁)일생 남자 — 임계(壬癸)일생 여자

무기(戊己)일생 남자 — 갑을(甲乙)일생 여자

경신(庚辛)일생 남자 — 병정(丙丁)일생 여자

임계(壬癸)일생 남자 — 무기(戊己)일생 여자

위 궁합은 여자가 남자를 극(剋)하는 관계이므로 불길한 궁합이다.

일간으로 보는 궁합표

남＼여	甲	乙	丙	丁	戊	己	庚	辛	壬	癸
甲	⊗	△	○	○	○	◎	×	⊗	○	◎
乙	△	△	○	○	⊙	○	△	×	○	○
丙	△	○	⊗	△	△	○	○	◎	×	⊗
丁	○	△	⊗	⊗	△	△	⊙	○	⊗	×
戊	×	⊗	△	○	⊗	△	△	○	○	◎
己	△	×	○	△	⊗	△	○	△	⊙	○
庚	○	◎	×	⊗	△	○	⊗	△	○	⊙
辛	⊙	○	⊗	×	○	○	⊗	⊗	⊙	○
壬	○	⊙	○	◎	×	⊗	○	⊙	⊗	⊙
癸	⊙	○	⊙	○	⊗	×	○	△	△	△

※ ◎는 대길(정합), ⊙는 차길(준합, 상생), ○는 길(상생, 편합), △는 무해무익, ⊗는 소흉, ×는 대흉.

일지(日支), 띠로 보는 궁합

일지란, 생일의 일진(日辰)으로 띠를 말하며 일간이나 생일로 보는
방법과 같이 음양과 오행으로 궁합을 본다.

12지지 음양오행표

오 행	木	火	土	金	水
음양	⊕⊖	⊕⊖	⊕⊖	⊕⊖	⊕⊖
지 지	寅卯	午巳	辰戌丑未	申酉	子亥

지(支)는 땅이며 형체가 있고 질(質)의 문제이다. 땅에 있는 모든
물질을 포함하며 음양으로는 음에 해당되며 여자이다. 정지 상태, 부

드러움, 약한 것 등 변화 상태가 느리게 나타난다.

여기에는 자(子) · 축(丑) · 인(寅) · 묘(卯) · 진(辰) · 사(巳) · 오(午) · 미(未) · 신(申) · 유(酉) · 술(戌) · 해(亥)의 12가지가 있으며 이것을 12지지(十二地支)라고도 한다.

일반적으로 쥐 · 소 · 용 · 뱀 등 동물의 대명사로 되어 있으나 그렇다고 그 동물의 성질이나 모양을 갖고 성격이나 운명, 궁합을 비유해서 판단하는 것은 근거 없는 것이며 언어도단이라 할 수 있다.

띠로 보는 궁합도 일간으로 보는 궁합과 마찬가지로 육친관계 상극도를 참고하여 오행 음양으로 판단하고 아래 띠로 보는 궁합표를 보면 쉽게 알 수 있다.

일지로 보는 궁합은 일간으로 보는 궁합보다 그 작용이 다소 약하다고 본다.

지지의 운은 주로 내면적 운의 좋고 나쁨을 결정하는 운으로 운세의 음운(陰運)이다.

띠로 보는 궁합표

남＼여	子	丑	寅	卯	辰	巳	午	未	申	酉	戌	亥
子	△	○	○	⊗	○	△	×	×	⊙	⊗	×	△
丑	○	△	⊗	⊗	×	⊙	△	×	○	⊙	×	△
寅	○	△	△	△	⊗	⊗	⊙	△	×	⊗	○	△
卯	⊗	△	△	△	△	○	⊗	○	⊗	×	○	⊙
辰	⊙	×	⊗	⊗	⊗	○	○	△	⊙	⊙	×	×
巳	⊗	⊙	⊗	○	○	⊗	△	○	×	○	⊗	×
午	×	⊗	⊙	⊗	○	△	⊗	⊙	⊗	△	⊙	△
未	×	×	⊗	○	△	○	⊙	△	○	○	⊗	○
申	⊙	○	×	△	○	×	⊗	○	△	△	○	△
酉	⊗	⊙	△	×	⊙	○	⊗	○	△	×	×	○
戌	△	×	○	○	×	⊗	⊙	⊗	○	△	⊗	△
亥	△	△	△	○	×	×	△	○	○	○	△	⊗

※ ⊙는 대길(삼합, 육합), ○는 길(삼합, 상생, 육합), △는 무해무익, ⊗는 조금 불길, ×는 불길.

띠로 본 성격

일지(日支)만을 가지는 사람의 성격 전부를 판단한다는 것은 위험한 발상이다. 왜냐하면 사람이 가지는 속성은 선천적인 면이 있는가 하면 후천적으로 성장을 통해서 여러모로 다듬어지기 때문이다.

같은 띠를 타고나도 그 모양은 백인 각색인 것과 같이 다 다르다고 할 수 있다. 그 외에 생일만이 아니고 년·월·시도 다르기 때문에 영향을 주는 변수는 허다하다.

여기에 소개하는 띠는 다만 띠 자체가 갖는 성격에 지나지 않음을 참고로 하기 바란다.

■ 쥐띠의 성격
① 사물에 대하여 비교적 예리하며 사람을 잘 포섭하는 성질이다.
② 의리는 약하고 약간의 허영심이 있다.

③ 기지(機智)가 있으며 악기는 없는 성질로써 인품에 침착성이 부족하여 대수롭지 못한 일로 위신을 손상케 되니 언제나 신중한 태도를 가지면 운도 좋다.

④ 직업: 공업, 조각가, 미술가, 선원 등.

■ 소띠의 성격

① 노고가 많은 사람으로서 무슨 일이나 사양을 잘하는 성격이다.

② 일이 잘못된 것이라도 타인에게 의사표시를 안 하고 참는 성격이다.

③ 완고한 기질로써 입밖에 나타내지 않고 혼자 고민하기 쉽다.

④ 한층 쾌활한 기분으로 체면 차리지 말고 적극적으로 활동하는 것이 필요한 성격이다.

⑤ 직업: 학자, 공업가, 화가, 간호사.

■ 호랑이띠의 성격

① 운기가 강한 사람으로서 용맹하고 비교적 솔직 담백하고 손윗사람을 존경하고 손아랫사람에게는 자비심을 베푼다.

② 상하 중인의 인망이 있기 때문에 뭇사람의 두령(頭領)이 되는 운이다.

③ 지나치게 오만하거나 타인의 자존심을 상하면 원성을 듣기 쉽고 배은망덕을 당하기 쉽다.

④ 종교를 무시하거나 여자를 업신여기면 신상에 불리한 해를 입

을 수 있다.

⑤ 직업: 학자, 미술가로서는 적합지 않으나 기타는 어떤 직업도 좋다.

■ 토끼띠의 성격

① 성질이 온화하고 애교가 있으나 깊이 생각하는 점이나 결단력이 약하다.

② 부드럽고 평화적인 성격 때문에 딴사람으로부터 업신여김을 당하기 쉽다.

③ 몸을 아끼는 성질이 있다.

④ 주색을 멀리하고 침착한 태도를 지니고 과단성을 기르면 성공할 운이다.

⑤ 직업: 상업, 사무관, 교사, 승려, 의사, 농업 등이 좋다.

■ 용띠의 성격

① 성질이 강건하고 오만한 점이 있다.

② 대수롭지 않거나 큰일이 있으면 억제와 인내력으로 극복하려는 노력은 하나 실패하는 수가 많다.

③ 심중에 없는 말을 하기도 하고 듣기도 하는 구설수가 있다.

④ 이 사람은 원래 그릇이 큰 대국(大局)이므로 앞뒤를 잘 살펴 사리에 대응하면 반드시 성공한다.

⑤ 직업: 군인, 단체의 두령, 개척자, 정치가, 탐험가 등이 좋다.

■ 뱀띠의 성격

① 외모가 미려(美麗)하고 성질도 유화하나 질투심이 강하다.

② 밖으로는 겸손하고 유순하나 내심은 건실하다. 인정미가 있으며 관대한 성질의 소유자다.

③ 남에게 싫은 소리는 안 하나 남과 다르게 특별한 면도 있어서 남이 생각지 않는 일을 잘한다.

④ 무슨 일이나 기회가 닿으면 절대로 놓치지 않는다.

⑤ 직업: 음악가, 미술가, 교사 등 어떠한 직업도 좋다.

■ 말띠의 성격

① 인내력이 약하고 고집이 센 사람이다.

② 겸손한 덕이 부족하나 결단력이 있다.

③ 타인에게 냉정한 태도로 대하며 시비를 가려내는 성질이 있어서 사람으로부터 경원시 되어 고립되는 사람이 있다.

④ 자기의 고집이나 자기주장만 하지 말고 남을 수용하는 태도로 말이 많은 점을 삼감이 좋다.

⑤ 직업: 종교가, 숙박업, 음식점, 의사, 변호사 등이 좋다.

■ 양띠의 성격

① 사려가 깊고 품행이 방정하다.

② 소심한 성격이어서 작은 일에도 미리 겁을 먹고 걱정을 한다.

③ 너그러운 것 같으나 실지는 조급하고 의심이 많다.

④ 화려한 것을 좋아하고 인정도 깊어서 후덕(厚德), 담백(淡白)하나 표정은 항상 우울하다.

⑤ 직업: 의사, 종교가, 농업, 목축업 등.

■ 원숭이띠의 성격

① 성질이 좀 강건한 편이나 타인의 애호를 받는 형이다.

② 심중은 담백, 명랑하고 쾌활한 성품이다.

③ 아량이 크진 못하나 남에게 잘 베푸는 성미이다. 그러나 오래 지속되지는 못한다.

④ 인내성을 기르고 과단성이 있으면 길할 운이다.

⑤ 직업: 군인, 법률가, 음식점, 잡화상, 철물상 등.

■ 닭띠의 성격

① 남의 일에 협력을 잘 하는 성격으로 자기를 돌보지 않기 때문에 오히려 고생을 한다.

② 명예를 존중하는 나머지 자기 입장은 잊게 된다.

③ 마음이 항상 일정하게 안정치 못하고 이것저것으로 변심하기 때문에 호사다마 격으로 재물이 손에 들어오면 곧 써버리게 된다.

④ 앞뒤를 가려 침착하게 행동하지 않으면 후회만 남고 명성은 얻기 힘들다.

⑤ 직업: 미술가, 변호사, 의사, 교사, 사회사업가 등이다.

■ 개띠의 성격

① 항상 마음에 불만이 많고 쾌활하지 못하여 의외의 재앙을 초래하거나 망신을 당하는 수가 있다.

② 사고방식이 솔직 담백하지 않고 주장과 행동이 일치하지 못하다.

③ 타인으로부터 신망을 얻지 못한다.

④ 좀더 마음을 가다듬어 나와 타인간의 관계를 잘 이해하고 처신해야만 성공한다.

⑤ 직업: 사회사업가, 교육자, 의사, 목축업 등.

■ 돼지띠의 성격

① 물질적인 문제에 대해서는 그리 집착이 강하지 않다.

② 자존심이 강하여 자기중심적으로 행동한다.

③ 독립적이고 자주적인 행동은 좋으나 남과의 협조적인 행동이 없이는 성공하기 힘들다.

④ 의협심이 강하여 비리(非理)를 보면 곧 격분한다. 중인의 두령이 될 인품이다.

⑤ 직업: 정치가, 군인, 사업가 등.

그림으로 보는

성격

얼굴이 성격을 나타낸다.

성공할 타입, 실패할 타입

마의상법(麻衣相法) 논면(論面)편의 서두에 이르되, 면(面)은 백부(百部)의 영(靈)이 머무는 곳이요, 오부(五腑)로 통하는 신로(神路)가 있고 삼재(三才)의 상(象)을 이루고 있으며 한 몸의 득실(得失)을 나타내는 부위가 면(面)이라 했다. 그러기에 사람의 얼굴은 몸 각 부위에 나타나는 현상을 대표하는 부위이며 정신이나 성격까지도 나타내 준다.

아울러 얼굴은 언제 개운할 것인지 또는 쇠퇴 영락할 것인지 그 징후나 성공출세 여부 등을 보여주며 그 사람의 성격을 명백하게 나타내 준다.

(1) 독불장군 형

⊙ 눈썹이 짧다.

□ 혼자 떨어져 살기 때문에 고독하다.

□ 생각이 단조롭다.

□ 말보다 주먹이 앞선다.

□ 자기일밖에 모른다.

⊙ 윗입술이 얇은 사람

□ 남에게 베풀 줄을 모른다.

□ 남의 일은 생각하지 않는다.

□ 냉담하고 이해심이 부족하다.

□ 출세형이다.

⊙ 사각 눈

□ 형제를 극한다.

□ 자기 이익 위주로 생각한다.

□ 여성이면 딴 남자에게 관심을 둔다.

⊙ 콧대가 가늘고 밑으로 내려오면서 준두가 높은 코

- 자아가 너무 강하다.
- 남을 업신여긴다.
- 재물복이 있다.

⊙ 볼이 발달한 사람

- 볼이 유난히 나온 사람은 심술궂다.
- 욕심이 많다.
- 제멋대로의 성격이다.

⊙ 얇고 작은 귀

- 마음의 융통성이 적다.
- 수명이 짧다.
- 너그럽지 못하다.

⊙ 아랫입술이 튀어나온 형

- 고집이 세서 남과 화합하기가 힘들다.
- 시비를 잘 따지고 먼저 반대부터 하고 본다.
- 남을 신용하지 않는다.

(2) 포용성 · 담력형

⊙ 인중(人中)이 넓은 형

- □ 깊이가 없고 넓으면 생활력이 약하다.
- □ 끈기가 없고 낭비벽이 있다.
- □ 도량은 큰 사람이나 실패수가 많다.

⊙ 미간(眉間)이 넓은 형

- □ 미간이 넓으면 마음도 넓다.
- □ 친화력이 있어 사회생활이 원만하다.
- □ 두뇌는 좋은 편이다.

⊙ 넓은 이마 형

- □ 마음이 부드럽다.
- □ 성격이 온화하고 수용력이 있다.
- □ 조상이나 부모의 은덕이 있다.

⊙ 크고 긴 눈의 형

- □ 남의 마음을 헤아려 준다.
- □ 감수성이 예민하고 사교적이다.
- □ 성미가 급하고 싫증을 잘 낸다.

⊙ 볼에 탄력이 있는 형

- □ 포용력이 있다.
- □ 재물복이 있다.
- □ 미식가이며 건강하다.

⊙ 얼굴이 가로로 넓은 형

- □ 포용력이 있다.
- □ 활동형이다.
- □ 기업가로 적성이 있다.

⊙ 귓바퀴가 두터운 형

- □ 의식(衣食)이 족한 사람이다.
- □ 성질이 치밀하지 않다.
- □ 길면 관록이 있다.

(3) 온순형과 투쟁형

⊙ 뾰족한 입

□ 입술이 앞으로 튀어나온 형은 자식 두기가 어렵다.

□ 남과 다투기를 잘하는 투쟁형이다.

□ 마음에 불평불만이 많다.

⊙ 명궁(命宮)이 넓은 형

□ 성품이 온순하다.

□ 함몰(陷沒)하지 않으면 부자형이다.

□ 머리도 좋고 아량도 있다.

⊙ 눈 자리가 수평인 형

□ 수평이 곧을수록 온순하다.

□ 평화 지상주의자다.

□ 남에게 베풀기를 좋아한다.

⊙ 코끝이 둥근 형

- □ 코끝이 둥글면 남과 다툼을 싫어한다.
- □ 만사 원만한 형이다.
- □ 재복이 있다.

⊙ 광대뼈(觀骨)가 높은 형

- □ 광대뼈가 높으면 공격적이다.
- □ 신경질적인 기질이다.
- □ 남에게 지지 않으려는 성격이다.

⊙ 인중(人中)이 짧은 형

- □ 성미가 급하고 단순하다.
- □ 남과 인화가 안 된다.
- □ 수명 운세가 약하다.

⊙ 완만한 눈썹 형

- □ 사람과의 화합형이다.
- □ 형제간에 우애가 있다.
- □ 복(福)·수(壽)형이다.

(4) 까다로운 신경과민 형

⊙ 짙은 눈썹 형

- □ 만사에 적극적이다.
- □ 모든 일에 신경을 쓴다.
- □ 기가 강하고 독립심이 강하다.

⊙ 눈꺼풀이 곧은 형

- □ 성미가 까다롭다.
- □ 남을 업신여긴다.
- □ 시비를 잘 따진다.

⊙ 입 끝이 처진 형

- □ 고집스럽다.
- □ 사물을 나쁘게만 보려 한다.
- □ 의지가 굳고 노력형이다.

⊙ 현무(玄武: 이마의 양쪽 각 부위) 각이 좁은 형

- □ 속이 좁고 융통성이 없다.
- □ 쉽게 생각하고 깊이 생각하는 것은 질색이다.
- □ 협조심이 부족하다.

⊙ 미간(眉間)이 좁은 형

- □ 도량이 좁다.
- □ 신경과민형이다.
- □ 머리가 좋지 않다.

⊙ 볼에 살집이 적고 가는 턱

- □ 성격이 치밀하고 엄격하다.
- □ 비리를 허용할 줄 모른다.
- □ 공직자로서 적성이 있다.

⊙ 미간에 세로줄 형

- □ 성격이 까다롭다.
- □ 신경과민형이나 노력형이다.
- □ 수명이 짧다.

(5) 근면 · 성실형

⊙ 넓은 얼굴 형

- □ 얼굴이 넓으면 굳은 성실형.
- □ 무슨 일에나 참여하기를 좋아한다.
- □ 사업가, 기업가의 적성이 있다.

⊙ 크고 굳게 닫힌 입

- □ 성실하고 근면하다.
- □ 성공할 상으로 생활력이 강하다.
- □ 사회생활을 가정생활보다 먼저 생각한다.

⊙ 움푹 들어간 눈

- □ 검소하고 건실하다.
- □ 주의 깊고 인내심이 있다.
- □ 대인관계는 서투르나 만성형이다.

⊙ 넓고 각진 턱

□ 참을성이 강하다.

□ 착실하고 노력하는 형이다.

□ 만년운도 안정되어 있다.

⊙ 이마 아래쪽이 쑥 들어간 상

□ 노력하는 형이다.

□ 인내력이 강하며 연구심이 강하다.

□ 몸에 병이 생기기 쉽다.

⊙ 인중(人中) 밑이 좁은 사람

□ 성격은 성실한 사람이다.

□ 겁이 많다.

□ 자녀와의 인연이 희박하다.

⊙ 눈이 작은 형

□ 착실하게 노력하는 형이다.

□ 견실하고 끈질기다.

□ 결혼 후에 운이 열린다.

(6) 낭만적인 인상

◉ 눈썹이 가는 사람

- ☐ 매사에 섬세하다.
- ☐ 피동적이고 수동적인 성격이다.
- ☐ 실행력은 약하나 정감이 있다.

◉ 큰 눈을 가진 형

- ☐ 감수성이 예민하고 낭만적이다.
- ☐ 표현력이 풍부하다.
- ☐ 큰소리를 잘 치는 대신 바탕은 얕다.

◉ M자 이마형

- ☐ 이상을 그리는 형이다.
- ☐ 지적이기보다 정의적이다.
- ☐ 저항심도 있고 고집이 있다.

⊙ 뽀족한 아래턱

- □ 이상주의자이며 가정이 불우한 형이다.
- □ 견실성이 부족하고 몽상가이다.
- □ 여성은 사치를 좋아하고 이상만을 추구한다.

⊙ 일자형 눈썹

- □ 일을 처리하는 능력이 뛰어나다.
- □ 수명이 길고 목적을 향해 돌진하는 형이다.
- □ 성미가 급하고 깊은 사려가 부족하다.

⊙ 턱 아래 샘이 있는 사람

- □ 미래의 꿈을 갖고 있다.
- □ 정열가면서 외곬인 사람이다.
- □ 좋은 의미의 완고함이 있다.

⊙ 귓불이 없는 상

- □ 이상이 높은 낭만가이다.
- □ 만년운이 약하다.
- □ 심성질이어서 역삼각형의 얼굴을 가진 사람에게 많다.

(7) 신경질이 강한 상

⊙ 눈썹이 진한 사람

- □ 작은 일에 신경을 쓴다.
- □ 적극성과 행동성을 나타낸다.
- □ 우두머리형으로 남을 잘 돌봐준다.

⊙ 얇은 귓바퀴의 상

- □ 신경과민형이다.
- □ 가정운이나 복운이 박한 사람이다.
- □ 보수적이며 자녀운이 좋지 않다.

⊙ 역삼각형 + 동그란 형

- □ 심성질의 요소가 강해서 신경질적으로 발달한다.
- □ 성미가 급하고 사람도 가려서 사귄다.
- □ 여성의 운은 섬세하여 가정운이 좋다.

⊙ 미간이 좁은 상

□ 눈썹과 눈썹 사이가 지나치게 좁은 상은 신경질적인 상이다.

□ 작은 일에도 속을 썩인다.

□ 노력형이다.

⊙ 눈썹이 한데 모인 상

□ 신경과민형이다.

□ 신약할 상이다.

□ 형제간에 우애가 적다.

⊙ 날카로운 현무(玄武)의 상

□ 신경질형이다.

□ 생각이 단순하고 솔직하다.

□ 실행력이 있다.

⊙ 길게 째지고 큰 눈의 상

□ 신경질이 강하다.

□ 성미가 급하고 치밀성이 없다.

□ 싫증을 빨리 내고 입에서 나오는 대로 함부로 지껄인다.

(8) 히스테리 형

⊙ 눈초리가 위로 올라간 상

- □ 히스테리가 심하다.
- □ 성미가 급하고 참을성이 없다.
- □ 여성은 자아의식이 강하고 권력 지향형이다.

⊙ 콧마루가 융기된 상

- □ 고집이 있으면서 히스테리형이다.
- □ 형제간에 우애가 박하다.
- □ 음흉한 상이다.

⊙ 관자놀이에 흠이나 반점 형

- □ 재물을 버릴 상이다.
- □ 조금만 마음에 안 들면 히스테리를 일으킨다.
- □ 대인관계를 꺼린다.

⊙ 이마 위가 뒤로 기울어진 상

- □ 히스테리형.
- □ 지력이 약하다.
- □ 수명이 길지 못하다.

⊙ 윗입술이 유난히 얇다

- □ 히스테리형.
- □ 냉정한 성격이다.
- □ 남에게 인색하다.

⊙ 광대뼈가 옆으로 튀어나온 상

- □ 히스테리형.
- □ 복수심이 강하다.
- □ 기회를 노려 약점을 잡으려 한다.

⊙ 토막 눈썹 형

- □ 성격이 거칠고 히스테리형.
- □ 품위가 없고 변덕이 있다.
- □ 사고력이 산만하다.

(9) 경솔하고 생각이 짧은 사람

⊙ 코가 짧은 형

- □ 자존심이 약하다.
- □ 생각하는 것은 질색이다.
- □ 서민적이다.

⊙ 미간이 좁은 사람

- □ 성미가 급하다.
- □ 조급하다.
- □ 말보다 행동이 앞선다.

⊙ 눈이 크고 튀어나온 상

- □ 관찰력이 예민하여 남의 기분을 꿰뚫어 본다.
- □ 조수형이면서 성미는 단순 경박하다.
- □ 뱃심이 약하고 버티는 힘이 없다.

⊙ 파도치는 눈썹 형

- 일관성이 없는 사고력과 산만하고, 변덕이 많다.
- 진실을 믿을 수 없는 형이다.
- 겉과 속이 다르나 실천력은 있다.

⊙ 귓불이 없는 사람

- 매사에 끈기가 없다.
- 이상은 높으나 실천력이 약하다.
- 만년운이 약하다.

⊙ 벌어진 입

- 인내력이 없다.
- 경솔하다.
- 호기심이 많다.

⊙ 광대뼈가 위로 발달한 상

- 행동적이나 생각이 짧다.
- 남에게 지지 않으려는 성미가 강하다.
- 인정이 많으나 깊이가 없다.

(10) 의지력이 강한 상

⊙ 눈 끝이 치켜 솟은 눈

- □ 가늘고 끝이 올라간 눈은 끈질긴 상이다.

- □ 성미가 급하고 참을성이 적다.

- □ 여성은 자기주장이 강하다.

⊙ 각진 이마

- □ 넓고 각진 이마는 머리도 좋고 자아가 강하다.

- □ 조상, 부모의 은덕을 입은 상이다.

- □ 자기가 옳다고 생각한 것은 굽히지 않는다.

⊙ 사각(四角)의 턱

- □ 의지력이 강하다.

- □ 인내력이 강하고 견실하다.

- □ 계획성 있게 밀고 나가며, 만년운도 좋다.

⊙ 사백안(四白眼), 검은자위가 작은 상

- 고집이 강하다.
- 진망병절(陣亡兵絕)상이다.
- 쾌활한 면도 있다.

⊙ 긴 인중(人中)

- 굳은 의지가 있다.
- 수명이 길다.
- 인중이 깊으면 다부지고 끈기가 있다.

⊙ 치켜 솟은 눈썹 상

- 정열가이며 고집이 지나치게 세다.
- 의지력이 강하다.
- 결단력, 계획성도 남다르다.

⊙ 입술 끝이 처진 상

- 노력가이며 의지가 굳다.
- 사물을 부정적으로만 본다.
- 남에게 지기 싫어한다.

(11) 과단성과 용기의 상

⊙ 굵은 눈썹

- 성미가 너무 강해서 자기 주장이 지나치다.
- 고집불통형이다.
- 정열가이며 결단력이 강하다.

⊙ 눈썹 위에 살이 붙은 상

- 무서운 것을 모른다.
- 장애를 두려워하지 않고 극복해 나간다.
- 직관력이 예민하고 일에 열중한다.

⊙ 일자(一字) 눈썹

- 용기가 있고 반항심도 있다.
- 역모(逆毛)가 있으면 윗사람에게 반항하여 미움을 산다.
- 강직하고 단순하다.

⊙ 작은 입

- 한 가지 일을 완성시킨다.
- 인내력이 있고 소심하다.
- 여성은 의타심이 강하다.

⊙ 옆으로 큰 콧구멍

- 겁이 없고 용감하다.
- 정력이 왕성하고 야만적이다.
- 돈에 부자유를 느끼지 않는다.

⊙ 연상(年上)·수상(壽上)이 융기된 상

- 용기가 있다.
- 간계, 모략성이 있다.
- 남을 억압하는 인상이다.

⊙ 직선 이마

- 적극적으로 밀고 나간다.
- 이론적이기 보다 실천형이다.
- 여성은 여걸형이다.

(12) 인정미가 있는 상

⊙ 볼이 풍부한 상

- □ 애정이 풍부하다.
- □ 인정미가 있어 호감을 산다.
- □ 성격이 온순하다.

⊙ 상·하 입술이 두꺼운 상

- □ 애정이 깊고 박애주의자이다.
- □ 건강한 운이며 재운도 있다.
- □ 여성은 이해심이 깊다.

⊙ 두 겹 턱의 상

- □ 상상(上相)의 하나이다.
- □ 금전에 부자유를 느끼지 않는다.
- □ 성격이 유순하고 남의 사정을 알아 준다.

⊙ 눈초리가 아래로 처진 상

□ 동정심이 깊다.

□ 소극적이고 수동형이다.

□ 부드러운 맛은 있으나 결단성이 부족하다.

⊙ 턱 끝이 뾰족하고 앞으로 나온 상

□ 성심성의를 다한다.

□ 고독을 즐기는 형이다.

□ 여성은 언제나 애정을 찾는 상이다.

⊙ 부드럽고 긴 눈의 상

□ 눈은 마음의 거울이다. 눈이 부드러우면 인정이 있다.

□ 감수성이 예민하고 표현력이 풍부하다.

□ 사교성이 뛰어나고 명랑하다.

⊙ 입술에 세로줄이 많은 상

□ 인정미가 풍부하다.

□ 여성은 다산형이다.

□ 성욕이 왕성하다.

(13) 꼼꼼 착실 형

⊙ 좁은 이마

- □ 사소한 일까지 신경을 쓴다.
- □ 좋은 두뇌의 소유자가 못된다.
- □ 노력가이다.

⊙ 장방형(長方形)의 얼굴상

- □ 꼼꼼하고 착실하다.
- □ 한평생 무난하게 산다.
- □ 만년복이 있다.

⊙ 눈과 눈썹 사이(田宅)가 좁은 사람

- □ 착실, 근면형이다.
- □ 물려받을 재산이 없다.
- □ 모험적이고 노력가이다.

⊙ 일직선 눈썹에 벌어진 입

- □ 작은 일에도 까다롭다.
- □ 말참견을 잘한다.
- □ 결단력이 있다.

⊙ 미간에 주름이 있는 형

- □ 꼼꼼하고, 착실한 형이다.
- □ 노력가이다.
- □ 여성은 이별할 운이다.

⊙ 진한 눈썹에 좁은 미간 형

- □ 견실하고 착실하다.
- □ 적극성과 행동력이 있다.
- □ 사나이다운 실천형이다.

⊙ 눈과 눈이 붙은 상

- □ 꼼꼼하고, 착실한 형이다.
- □ 사소한 일에도 고민이 심하다.
- □ 신경성 질병이 우려된다.

(14) 거짓말쟁이

⊙ 예각의 삼각 눈

- □ 자기 억제를 못한다.
- □ 턱이 너무 작으면 공평성이 결여된다.
- □ 까다로운 성격이다.

⊙ 좌우 눈동자가 일그러진 상

- □ 바른 소리를 안 한다.
- □ 매사에 비평적이다.
- □ 정신 집중력이 없다.

⊙ 빠뚤어진 코

- □ 코가 굽어 있으면 허튼 소리꾼이다.
- □ 몸이 약하다.
- □ 인생 부침(浮沈)이 빈번하다.

⊙ 허를 날름날름하는 상

- □ 믿을 수가 없다.
- □ 함부로 말을 지껄인다.
- □ 행동도 경박하다.

⊙ 턱이 굽은 상

- □ 균형이 맞지 않는 턱은 신용이 없다.
- □ 이기적으로만 행동한다.
- □ 말년운이 험하다.

⊙ 입술이 반듯하게 다물어지지 않는 상

- □ 헛소리를 많이 한다.
- □ 남의 말이나 험담을 잘한다.
- □ 말에 조리가 없다.

⊙ 도토리형의 눈

- □ 사람을 배신한다.
- □ 부모·형제간에 반목하고 산다.
- □ 호기심이 많다.

(15) 범죄형의 상

⊙ 얼굴의 불균형 상

- 변절자이다.
- 빈천(貧賤)한 상이다.
- 의리(義理)가 없다.

⊙ 삼백안에 침정(侵睛)한 상

- 사람을 해코지하려는 살의(殺意)가 있다.
- 관사(官事)가 이어질 운수.
- 패가망신형이다.

⊙ 발제(髮際)가 울퉁불퉁한 상

- 반항심이 강하다.
- 성품이 거칠다.
- 천방지축형이다.

⊙ 동그란 눈의 상

- □ 흉악한 일을 저지른다.
- □ 형제간에 우애가 없다.
- □ 나쁜 일을 태연하게 한다.

⊙ 아랫입술, 아래턱이 튀어나온 상

- □ 시기심이 강하다.
- □ 의심이 많다.
- □ 말이 많고 실수를 잘한다.

⊙ 너무 큰 턱의 상

- □ 의지력이 너무 강한 나머지 자기 통제를 못한다.
- □ 주거운이 좋다.
- □ 우겨대는 힘이 있다.

⊙ 눈과 눈썹이 평행하고 딱 붙은 눈

- □ 무엇을 맡겨도 믿을 수 없다.
- □ 마음대로 안 되면 해코지를 한다.
- □ 운명에 방해가 많다.

기타

⊙ 눈과 눈썹 꼬리가 같이 위로 올라간 상

- □ 끈기가 강하다.
- □ 의지력이 강하다.
- □ 노력으로 출세한다.

⊙ 눈 끝과 눈썹 끝이 떨어지고 둥근 코

- □ 평화주의자이다.
- □ 남과 다툼을 싫어한다.
- □ 재력도 있고 평탄한 운명의 상이다.

⊙ 미간에 세로줄이 두 줄 있고 윗입술이 얇은 상

- □ 자기 기분대로 일을 저지른다.
- □ 인정미가 없다.
- □ 생이별의 상이다.

인상(人相)으로 본

궁합

인상(人相)으로 본 궁합

관상법을 알자

사람을 대할 때는 위에 기술한 첫인상(印象)을 기초로 하여 외모를 보게 된다. 키가 큰 사람인가? 작은 사람인가? 몸이 부하게 비대한 형인가? 홀쭉한 형인가? 어딘가 몸에 결함은 없는 것인가? 등을 보게 된다.

그런 것도 중요하지만 그보다 더욱 중요한 것은 내면적으로 어떠한 성품의 소유자인가를 아는 것이 더 중요하다. 왜냐하면, 인체는 비록 작지만 그중에도 위대한 업적을 남긴 위인들은 얼마든지 있기 때문이다.

사람을 대하면 우선 마음에 드는 점이 많이 있는 사람과 또는 혐오감을 주는 사람이 있게 마련이다. 우리는 그런 외모만 보고 데이트나

맞선을 보지만 사실은 인상(人相)을 보는 지식이나 안목이 없기 때문에 확신을 갖지 못한다. 그래서 인륜지 대사를 기분으로 결정짓고 후일 평생을 후회하면서 살아간다.

이에 그런 불행을 막고 행복한 궁합을 갖은 사람끼리 결합되기 위한 인상(人相)의 예비지식을 갖기 위하여 고명한 상서(相書)인 「마의상법(麻衣相法)」을 기초로 설명하고자 한다.

◎ 관인팔법(觀人八法)······체모(몸의 모습)를 보는 여덟 가지

「마의상법」은 사람의 체모(몸의 모습)를 여덟 가지로 나누었으니 후(厚)·위(威)·청(淸)·고(古)·고(孤)·박(薄)·악(惡)·속(俗) 등의 여덟 가지로 구분하고 있다.

위(威) — 위풍이 당당하게 보이는 사람을 말한다. 보기엔 어딘지 모르게 존엄스럽고 외경(畏敬)의 위풍이 있으며, 권세가 있고 마치 큰 매가 토끼를 잡으니 백 가지 새들이 스스로 놀라 혼비백산하고 노한 범이 산에 이르니 백수가 서로 싸우는 듯한 위풍이 있다. 이런 사람은 무릇 신색이 엄숙하여 보는 사람으로 하여금 저절로 두려움을 느끼게 하는 사람이라고 하였다.

후(厚) — 이런 사람은 몸이 무겁고, 돈중(敦重)하게 생겼으며, 복록

(福祿)이 줄줄 흐르듯 후하게 보인다. 마치 물량으로 따지면 창해(滄海)와 같다 하였고, 그릇으로 치자면 곡식을 한 배 가득 실은 배와 같아서 끌어도 끌리지 않고 흔들어도 움직이지 않는 형이라고 하였으니 거동이 무거운 사람이다.

청(淸) — 이 사람은 정신상태가 극히 고매한 사람이니 계림의 한줄기 나무가 지나 편옥처럼 깨끗한 정신의 소유자로서 한 점 때묻지 않은 사람이니 청하고 후하지 못하면 박, 즉 얇음에 가깝다고 하였다. 결백하기 이를 데 없는 사람이다.

고(古) — 고한 사람은 골격(骨格)이 앙상하게 솟아난 바위 모양의 사람으로 고하고 청하지 못하면 속(俗)에 가깝다고 하였으니 험상궂은 인품의 사람이다.

박(薄) — 박한 사람은 체모가 약하게 생겼으며 모양은 가볍게 생겼고, 기(氣)는 겁을 먹은 듯하여 혈색이 어둡고, 정신을 바로 갖지 못하여 한 잎의 나뭇잎이 큰 파도에 밀려가는 상이니 하천한 신분에 먹고사는 것에 허덕이다 결국은 요절할 상이라고 하였다.

고(孤) — 고한 사람은 형골(形骨)이 앙상하고 목덜미는 길고 어깨는 움츠러들었으며 다리와 몸은 한편으로 기울어져 균형이 잡히지 않았다. 앉아 있어도 흔들림과 같고 길을 걷는 모습이 바람에 날려갈

듯하며 마치 우중에 해오라기와 더펄새(가마우지)가 홀로 걸어가는 형상이라 하였다. 사람은 선천적, 생리적으로 타고난 체모가 있으나 후천적으로 성장하면서 각양각색으로 앞의 상법에서 말하는 요소들을 많이 또는 적게 복합적으로 형성해 간다고 본다.

궁합을 보는 올바른 자세

풍모가 좋고 부자이니까 배필로 삼고 싶다고 누구든지 생각한다면 그것은 좋은 궁합을 택한 사람이 아니다. 좋은 궁합은 균형이 맞아야 한다. 「언밸런스」로 맺어진 궁합은 평생 「언밸런스」로 끝날 위험이 있다.

이것은 학식, 재정사정, 출신가문, 성장과정, 개성, 용모 등 모든 면에서 균형이 깨지고 서로 적응, 융합이 안 될 때는 생이별, 사별, 질병, 불화, 저능아 또는 불구아의 생산 등의 흉운(凶運)이 찾아들어 결국은 불행한 한평생을 살아가게 된다.

그러므로 좋은 궁합은 지나치게 분에 넘치지 않고 너무 모자라지 않는 균형 있는 궁합이다.

十三 部位圖

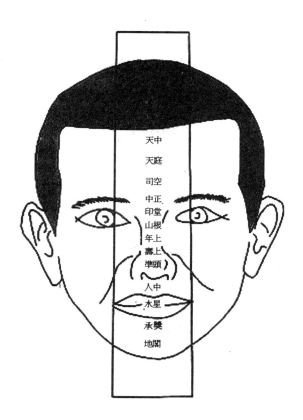

天中
天庭
司空
中正
印堂
山根
年上
壽上
準頭
人中
水星
承漿
地閣

(1) 13부위(部位)의 구분과 운세

천(天)위부

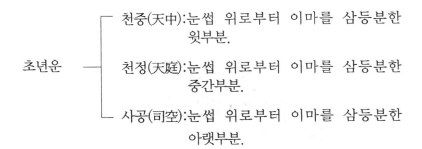

초년운 ─┬─ 천중(天中):눈썹 위로부터 이마를 삼등분한 윗부분.

　　　　├─ 천정(天庭):눈썹 위로부터 이마를 삼등분한 중간부분.

　　　　└─ 사공(司空):눈썹 위로부터 이마를 삼등분한 아랫부분.

■ 천(天)의 성격

① 선천운을 나타내며 조상운, 부모운을 나타낸다.

② 지적 능력을 나타내며, 사고력 · 관찰력을 나타낸다.

③ 25세까지의 운수로 본다.

■ 천(天), 각 부위의 특성

천중(天中): 위로 높고 옆으로 넓게 발달한 사람은 철학적 사고력과 앞을 내다보는 통찰력이 좋다. 계획성이 투철하며 주도면밀한 성격이다.

천정(天庭): 두툼하고 부드럽게 옆으로 발달한 사람은 의지력이 강하고 추진력이 있으며 현실적이고 완고하다.

사공(司空): 앞으로 두툼하게 발달한 사람은 정의적인 사람으로 감성이 발달되어 예술가 등에 적성이 있다.

◉ 천위부(天位部)

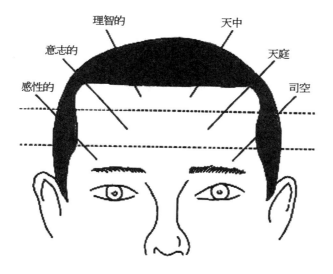

인(人)위부

<pre>
         ┌─ 중정(中庭): 눈썹(眉) 사이의 부분.
         │ 인당(印堂): 눈과 눈썹 사이(田宅)와 전택
         │   사이 부분.
초년운 ──┤ 산근(山根): 눈의 안쪽 꼬리와 꼬리의 사이.
         │ 연상(年上): 산근 아래 수상 윗부분.
         │ 수상(壽上): 코끝에서 연상 사이.
         └─ 준두(準頭): 코끝 부분.
</pre>

■ 인(人)의 성격

① 현실적이고 활동성 있는 운으로 본다.

② 25세부터 45세까지의 중년운으로 본다.

③ 형제 · 자식 · 재산 · 직업 등을 나타내는 부위.

■ 인(人), 각 부위의 특성

중정(中庭): 일명 명궁(命宮)이라 하며 상정(上停)과 중정(中停) 사이, 미간(眉間) 사이에 위치하여 면적이 넓으면서 거울과 같이 윤이 나면 사고(思考)와 행동의 근거가 되는 중심점으로써 학문에 뛰어나고 처사에 능통한 사람이다.

명궁 상하에 천(川)자의 주름이 있는 사람은 역마(驛馬)살이 강한 사람으로 이동이 심하다.

명궁이 凹침 하면 빈한한 운이다. 재산을 파하고 하는 일에 장애가 많다.

⊙ 인위부(人位部)

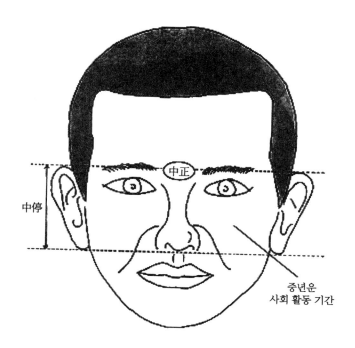

인당(印堂) 산근(山根): 이 부위가 평만하면 수명 장수할 것이며 평저(平底)하거나 凹침 되면 질병에 시달릴 운이다.

연상(年上) 수상(壽上): 위와 같다.

준두(準頭): 준두가 풍만하고 밝은 색에 윤기가 있으면 경제적으로 여유 있는 생활을 하고 콧날이 곧게 솟아 있는 사람은 한평생 재물을 모을 것이며 코끝이 들려서 뾰족한 상은 파재(破財)·빈한지상(貧寒之相)이다.

코볼이 들려 있고 작은 사람은 반드시 쌓아둔 재물이 없다.

지(地)위부

만년운 ┬ 인중(人中): 코끝과 입 사이.
       ├ 수성(水星): 입.
       ├ 승장(承奬): 입 아랫부위.
       └ 지각(地閣): 턱 부위.

■ **지(地)의 성격**

① 만년(45세 이후) 운을 나타내며 하정이 길면 만년운이 상서롭다.

② 주거, 가정사정, 애정문제, 자식, 부하 등을 나타내는 부위이다.

③ 기타, 주변 환경을 나타내며 저장의 뜻이 있다.

■ **지(地), 각 부위의 특성**

인중(人中): 인중은 자녀 등의 인연, 운세의 강약, 수명 등을 나타낸다. 인중은 양쪽 운두가 높으며 움푹 파인 듯 깊은 것이 좋다. 여자 성기의 발육정도 등도 여기에서 나타난다.

수성(水星): 입을 말하며 정력, 애정과 밀접한 관계가 있다. 입은 크고, 남성적이며 입술이 보통인 사람은 순운을 타고 났으며 장수할 상이다. 입이 큰 편은 아니나 입술이 두꺼운 사람은 애정이 깊은 사람이고, 입이 약간 작으면서 입술이 얇은 사람은 냉정하고 애정이 박하며 비굴한 성격도 갖고 있다.

승장(承獎) 지각(地閣): 아래턱을 말하며 말년운을 나타낸다. 아래턱이 튀어나온 사람은 의지력이 강한 사람이며 턱이 짧고 가느다랗게 생긴 턱은 외로운 만년을 보내게 된다.

⊙ **지위부(地位部)**

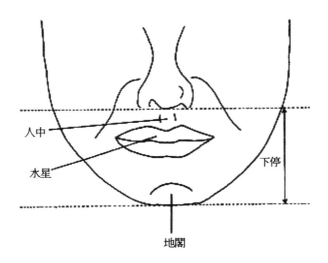

(2) 12궁(宮)의 구분과 운세

■ 명궁(命宮)

명궁은 양미간, 산근(山根) 윗부분에 위치하며 이 부위가 거울처럼 맑고 함몰하거나 협소하지 않으면 좋은 두뇌의 소유자로 학문에 통달한다.

산근(山根)이 평만하면 복록과 수명을 누리게 된다.

눈의 흑백(흰자와 검은자위)이 분명하면 재물을 모으게 되고, 이마에 천(川) 자가 그려진 상은 역마(驛馬)운을 만나게 된다. 눈썹이 교접하거나 닿아 있으면 하천한 인물이며, 단정치 못하고 엉클어져 있으면 고향을 떠나 살게 되고, 처(妻)를 극하게 된다.

■ 재패(財帛)

코는 곧 재성이니 코끝이 풍만하면 많은 재물을 얻을 것이요, 곧게 솟아 있고 풍융하면 한평생 부귀를 누린다. 매의 부리처럼 뾰족하면 빈한한 상이다.

十二 宮圖

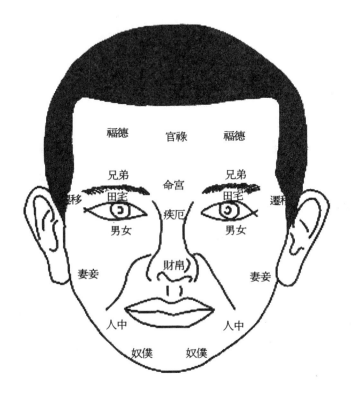

■ 형제(兄弟)

형제는 양쪽 눈썹을 말한다. 눈썹이 눈보다 길면 3, 4형제를 둘 것이요, 눈썹이 그리 진하지 않고 길며 단정하고 자연스럽게 초승달 같으면 남보다 뛰어난 사람이며, 만약 짧고 조잡하면 동기간 사이도 멀어질 것이다. 눈썹 테두리가 눈을 가리면 고독한 기러기 신세이며,

양쪽 눈썹이 각기 다르면 어머니를 바꿔 모시고, 서로 이어져서 엷은 황색이면 타향에서 목숨을 거두게 된다. 눈썹이 둥글게 돌아 맺혀져 있으면 형제가 원수가 된다.

■ 전택(田宅)

전택은 두 눈 위에 있으며 가장 무서운 것은 눈동자에 붉은 맥이 침범하는 것이다. 초년에 가원을 파산하고 늙어서 먹을 것이 없으며 눈동자가 칠흑처럼 검으면 종신토록 사업이 번창한다.

봉(鳳)의 눈으로 눈썹이 높으면 많은 재산을 갖게 되며 붉은 핏줄이 서 있고 긴 눈은 점차 가재를 기울게 한다.

■ 남녀(男女)

남녀는 두 눈 밑 부위를 말하며 누당(淚當)이라고 한다.

삼양(三陽: 太陽, 中陽, 少陽 ― 눈까풀 안쪽)이 평만하면 자손과 복록이 영창(榮昌)하고 와잠(臥蠶: 누당의 중간)이 은은하면 자식이 귀하다.

누당이 깊이 함몰하면 남녀간에 인연이 없다.

검은 사마귀나 비스듬한 무늬가 있으면 늙어서 아손(兒孫)들의 극함이 있다.

■ 노복(奴僕)

노복은 아래턱 부위를 말하며 만년운을 나타낸다.

본능적인 육욕이나 애정, 주거운 등을 보며 뼈의 모양이나 살집 등으로 의지력을 나타낸다.

중년이 되어서도 가느다랗고 짧은 턱은 늙어서 고독하고 쓸쓸하게 살게 된다.

지각(地閣)이 비뚤어져 있으면서 뾰족하면 은혜를 받은 것이 원수가 된다.

■ 처첩(妻妾)

피부에 윤기가 있고 무늬가 없으면 처덕이 있으며 재물이 많다. 무늬가 많으면 처의 방해를 입고 좋지 않은 일이 생기게 된다.

■ 질액(疾厄)

질액은 인당(印堂) 밑 산근(山根)에 있으니 풍만하게 올라와 있으면 조상의 녹을 이어받고, 연수(年壽)가 높고 평평하면 집안이 화합한다.

흠집이 있거나 낮게 꺼져 있으면 오랜 병에 시달리게 되고 평생토록 고통을 받는다.

■ 천이(遷移)

미각(眉角) 부위를 말하며 천창(天倉)이라고 한다.

천이가 함몰하지 않고 풍영하면 근심이 없을 것이며 평평하면 늙어 남의 선망의 대상이 되고 낮게 함몰되면 살 곳을 찾기 힘들다.

■ 관록(官祿)

관록은 중정(中正)에 위치하며 이 부위가 빛이 나고 깨끗하면 뭇사람에 뛰어나고 액각(額角)이 당당하면 고위 공무원이 될 수 있다. 흠이 있고 이마의 줄을 파하면 항상 뜻하지 않은 일을 당한다.

■ 복덕(福德)

복덕은 이마의 양쪽 천창(天倉)을 말하며 지각(地閣)에 어진 선상이다. 오성(五星: 얼굴 중심부위)이 서로 짝이 맞으면 평생 복록이 있고 상정과 하정이 짝이 맞으면 오복을 갖출 것이다.

■ 상예(相貌)

오악(五嶽: 이마, 아래턱, 코, 좌측 광대뼈, 우측 광대뼈)을 먼저 보건대 이곳이 풍만하면 부귀영화가 있고, 삼정(三停)이 균등하면 영구히 복을 누리고 살 것이다.

액(額: 이마)은 초년운을 말하며 코는 중년운, 입은 말년운을 보는 것이니 이것이 극함하면 흉악운이 된다.

육부(六府)·삼재(三才)
삼정(三停)
궁합

(1) 육부(六府)

육부는 보골(輔骨: 양쪽 이마 뼈), 관골(觀骨: 양쪽 광대뼈), 이골(頤骨: 턱뼈) 여섯 가지를 일컫는다. 윗부분의 2부는 보각으로부터 천창(天倉)까지를 말하며, 중간 2부는 명문(命門)으로부터 호이(虎耳)까지를 말한다. 아래 2부는 지각(地閣)으로부터 이골(頤骨)까지를 말한다.

■ 보골(輔骨)

보골이 융기되고 높으면 일찍 관직에 오르게 되고 보골은 양쪽 보각의 원골(元骨)이니 이 보골이 솟아오른 듯 높으면 일찍 영달한다.

이 부위가 특출하게 나타나 있으면 사고력, 상상력이 왕성하고 지력이 뛰어나다. 천부의 운을 보는 부위이며 조상과 부모의 은덕이 있다. 태어나면서부터 청년기, 약 25세까지의 운수를 나타낸다.

육부(六府) · 삼재(三才) · 삼정(三停) 도(圖)

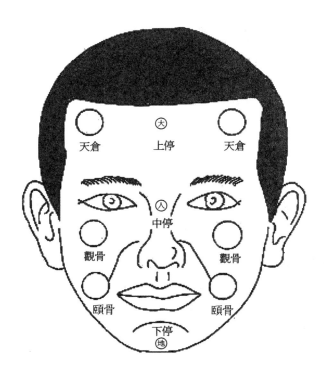

■ 관골(觀骨)

관골은 명문(命門)으로부터 호이(虎耳)까지를 말한다. 이 부위는
중앙에 있는 코를 보호하는 울타리의 역할을 해준다. 관골은 여자보

다 남성에게 잘 발달되어 있다.

광대뼈가 야무지고 살점이 두툼한 사람은 인내심이나 기력이 강하여 재산을 모은다.

뾰족하거나 깎인 것처럼 보이는 사람은 비한(悲恨)한 상이다. 하정(下停)의 아랫부위에 위치하면서 상정의 가장 윗부분인 천중과 대조를 이룬다. 천중이 초년운을 나타내는 데 비해 이곳은 인생의 말년운을 나타낸다.

턱뼈가 네모나고 코가 위로 우뚝 융기되어 있는 사람은 완고하고 자아(自我)가 강하다.

네모진 턱에 입술이 얇은 여성은 남에게 지기 싫어하는 성질이 있어 저항력이 강하다. 인정미가 있고 유순한 면이 있으나 금방 기분이 달라지기도 한다.

여성이 광대뼈가 앞으로 나온 사람은 이기려는 기질 때문에 가정불화를 가져오기도 한다.

■ **이골(頤骨)**

지각 부위에 위치한다.

이 부위가 보이는 운수는 만년운이다. 한마디로 풍후한 사람은 부요하고 빈틈이 없으며 부지런하고 내조의 힘을 발휘한다. 턱이 두 겹으로 되었으며 풍만한 상은 좋은 상이다. 노후에 부를 누릴 것이며 자손들의 효도를 받는다.

(2) 삼재(三才)

삼재란, 액(額: 이마), 비(鼻: 코), 해(亥: 턱)을 뜻한다. 삼재는 천(天)위부로 이마를, 인(人)위부로는 코를, 지(地)위부로는 턱을 주요 상으로 삼는 데서 중요시한다.

■ 삼재가 천(天)으로 삼는 액(額)

하늘의 상과 같이 넓고 둥글며 흠이 없이 깨끗함을 요한다. 이런 사람은 귀인의 상이고 만사 형통하는 운수의 소유자이다. 지력(知力), 의지력(意志力), 정감(情感)이 갖추어진 사람이며 출세운이 강한 사람이다.

마의상법에는 이마가 벽이 가려져 있는 듯하고 그 넓음이 산간을 덮어씌운 듯하고 밝고 윤기가 나고 넓고 긴 이마를 가진 사람은 귀수

지상(貴壽之相)이라 했다.

왼쪽으로 기울어져 있으면 아버지를 잃을 상이요, 오른쪽으로 기운 사람은 어머니를 잃을 상이라 했다.

■ 삼재(三才)의 인(人)위부 비(鼻)

비는 천지(天地)간에 위치하여 사람의 활동을 의미하며 토(土) 표면의 일면을 나타낸다.

준두(準頭: 코끝)가 둥글고 풍대하면 사람과의 관계에서 해를 받거나 끼치지 않고 만약 첨세한 사람은 간계(奸計)하고, 옆으로 무늬를 가진 사람은 차마상(車馬傷: 교통사고)을 당하기 쉽다. 세로의 무늬를 가진 사람은 타인의 자식을 기른다. 준두에 홍색을 띠면 동서로 분주하게 뛰어다니는 운수이다.

코가 삼곡(三曲: 꾸불꾸불)이면 고독하며 집을 파하고 삼목(三凹)하면 골육간에 서로 상극을 일으킨다.

콧구멍이 정면에서 봤을 때 안 보이고 통을 잘라 놓은 것 같은 상이면 의식(衣食)이 풍요할 것이다.

코의 구성 부분인 연상(年上) 수상(壽上)도 비(鼻)에 속하는 것이니 연상, 수상이 곧게 뻗어 있고 풍융하게 생긴 상은 수명의 장·단을 가늠하게 된다. 아울러 이곳이 밝고 윤기가 있으면 귀명이 아니면 반드시 수명과 복록을 가진 사람이다.

■ 해(頦)

턱은 액(額: 이마), 즉 천(天)과 대치하는 지(地)로 상징하는 부위이다.

말년의 수 · 복 · 운을 점치는 곳으로써 그 생김새와 규모에 따라서 달라진다.

풍후한 사람은 부유하고 첨삭한 사람은 빈박하다.

지각이 방원하면 반드시 재산을 갖게 되고 지(地: 턱)를 얻으면 반드시 귀하리라.

지각에 붉은 줄이나 흠이 있으면 단명하거나 파재 빈곤해진다.

삼정과 각 부위상

삼정도(三停圖)

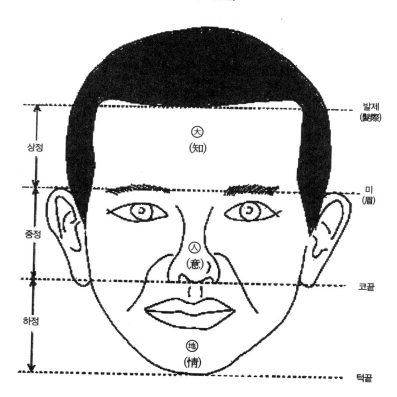

상정

중정

하정

발제
(髮際)

미
(眉)

코끝

턱끝

天
(知)

人
(意)

地
(情)

(3) 삼정(三停)—상정(上停), 중정(中停), 하정(下停)

무릇 얼굴을 잴 때 먼저 삼정을 보는 법이니 골격은 한평생의 영고(榮故)를 나타내고, 기색(氣色)은 유년운을 본다. 골격은 다시 생성되고 형용(모양)은 홀연히 변한다.

상정은 천(天)이요, 귀천(貴賤)을 보는 부위이며 천중(天中)으로부터 인당까지이고, 중정(中停)은 인(人)이요, 주로 수명을 가늠한다.

산근(山根)으로부터 준두(準頭)까지이고, 하정(下停)은 지(地)요, 주로 녹(祿)을 보는 부위이다. 인중으로부터 지각(地閣)을 말한다.

상정(上停)은 천중(天中)·천정(天庭)·사공(司空)·인당(印堂)을 말함이니 부모, 군상(君上), 그리고 초년운을 본다.

중정(中停)은 산근(山根)·연상(年上)·수상(壽上)·준두(準頭)를 지층하며 주로 재물, 처자, 형제, 그리고 중년운을 보는 부위이다.

하정(下停)은 인중(人中)·수성(水星)·승장(承獎)·지각(地閣)을 지충하며 주로 녹(祿)과 말년운을 보는 부위이다.

■ 삼정의 모양에 따른 운세

삼정이 균형 있게 상·중·하정이 비슷한 넓이와 높이를 가진 사람을 부귀(富貴) 영현(榮顯)상이라 하여 상상(上相)으로 친다. 이런 사람은 평생 큰 고통 없이 살 수 있는 사람으로 초년운이나 중년운, 그리고 말년운세가 고르게 전개된다. 그러나 삼정의 크기나 넓이가 다르면 운세도 그에 따라 각기 달라진다.

① 각형(角型)의 얼굴 — 일반적으로 얼굴이 사각형이면 삼정이 같은 면적을 갖는다. 팔·오각형으로 된 얼굴은 하정이 다소 작아진다.

② 원형의 얼굴 — 중정의 면적이 가장 넓고 상·하정이 약간 좁다. 이런 사람의 운세는 초년·말년운은 좀 나쁘지만 중년운은 좋은 사람이다.

③ 역삼각형의 얼굴 — 초년, 중년, 말년의 순으로 작아진다. 머리는 좋으나 운세는 점점 약해지는 경향이다.

■ 삼정의 운세

양쪽 눈썹의 윗부분으로 통칭 관록(官祿)궁이라 하며 귀상(貴相)으로 본다.

(1) 삼정이 좁은 사람의 운세

① 얼굴은 타원형으로 폭이 좁고 상정이 낮은 사람: 부모의 은혜도 입기 어렵고 상사의 돌봄도 없어서 살아가기가 극히 어렵다. 중년(25세) 이후부터는 점차 운도 따라오고 생활 기반도 다져지는 운세이다.

② 얼굴 폭은 넓은데 상정이 낮은 사람: 상·하정보다 낮지만 폭이 넓기 때문에 평생 고른 운세이다. 명석한 두뇌의 소유자로 출세가 순조롭다.

③ 중정은 넓으나 상·하정이 좁은 사람: 초년에는 어려우나 중년에는 운이 활짝 열리는 상이다. 사회생활에 적극적인 활동성을 보인다. 만년을 대비하여 절약하고 부를 축적해 둘 필요가 있다.

④ 하정은 넓은데 상·중정이 좁은 사람: 초년, 중년의 고생운이다. 기반이나 의지력이 약해서 의타심이 강하다. 그러나 만년이 되면 개운하여 행복한 삶을 갖게 된다.

(2) 삼정이 넓은 사람의 운세

① 상정은 높고 중·하정이 같은 사람: 의지력이 뛰어나고 선천적인 좋은 성품을 이어받아 태어났으며 윗사람의 인도도 받게 된다. 중년 이후에도 큰 고생 없이 평탄하다.

② 상·중정은 비슷하게 크고 하정이 좁은 사람: 지력, 정력이 겸비되고 활동적이다. 초·중년의 운은 좋으나 만년에 들어서면 액운도 닥치게 된다.

③ 상·하정이 크고 중정이 좁은 사람: 실천적인 추진력이 약하다.

초년과 만년운은 좋은 편이다.

④ 상·중·하가 같으나 폭이 좁은 사람: 성질이 조급하고 경박하다. 윗사람의 도움이 있으나 덕이 되지는 못한다. 원만한 것을 좋아하는 성품으로 인간관계를 좋게 유지한다.

(3) 색(色) 부위별 운세

① 태양(太陽: 이마의 옆 부분), 이 부위는 다시 나누어 산림(山林), 교외(郊外), 변지(邊地), 역마(驛馬)인데 천이궁이라 하여 멀리 외출함을 뜻한다. 이곳이 풍만하면 무형(無形)하고 윤이 나고 깨끗하며 홍황색이 나면 관록운이나 재운이 따르고 출입이 길하다.

② 천중(天中)에 둥근 빛이 나면 관(官)에 오르고 진급할 운이며 황·백의 원광이 생기면 출세할 운이 열린다.

③ 명궁(命宮)에 상서로운 색이 보이면 관운이 따라 진급이나 자리를 옮긴다.

④ 어느 부위나 암흑색을 띠면 병이 스며드는 징후이고 액운이 닥쳐온다.

세 가지 얼굴의 기본형과

궁합·운세

세 가지 얼굴의 기본형과 궁합 · 운세

인간의 얼굴은 천 가지, 만 가지로 지구상에 그 많은 사람이 살아도 똑같은 사람은 볼 수 없고, 제각각의 독특한 특징을 갖고 있다. 그뿐 아니라 그 성격과 성질까지 따지면 같은 사람이란 더욱 찾기 힘들다.

그러나 자세히 살펴보면 사람의 얼굴은 세 가지 모양으로 압축된다.

한 가지는 네모꼴의 모양이고, 두 번째는 둥근형, 세 번째는 세모꼴의 역삼각형이다.

(1) 네모꼴의 얼굴

· 모양과 생김새

① 몸은 골격이 발달하여 손발이 크게 발달했다.

② 어깨의 폭이 넓으며 근육이 발달하여 남성의 대표적인 모습이
다.

③ 기본적으로 네모의 얼굴이긴 하나 기타의 모양과 부분적으로
혼합되어 여러 가지의 모습으로 바꿔진다.

• 궁합과 운세

① 실천력, 추진력, 의지력이 강하다.

② 처세에 있어서 속전속결주의로 우유부단한 점이 없다.

③ 사소한 일에 대한 배려가 소홀하여 자상한 점이 부족하다.

④ 좋은 궁합으로는 대략 둥근형이나 팔각형의 상대를 만나면 좋
다.

⑤ 상대는 옆으로 봐서 앞쪽으로 둥글게 생긴 사람이면 좋은 궁합이
다.

(2) 둥근형의 얼굴

• 모양과 생김새

① 몸이 둥글둥글하게 살이 많이 붙어서 모가 나지 않는다.

② 목이 짧게 보이고 굵다. 따라서 부드럽게 보인다.

③ 요령이 좋은 편이면서 실행력도 가지고 있으나 좀 둔한 편이다.

④ 외교판매, 관리직 등 다양한 소질이 있다.

• 궁합과 운세

① 타인의 호감을 사는 성격이다.

② 넉살도 좋거니와 심술궂기도 하다.

③ 여성은 명랑하고 쾌활해서 모임에서는 언제나 웃음을 선사하는 형이다.

④ 역삼각형인의 계획성이나 선견지명이 있는 배필과의 좋은 궁합이다.

⑤ 긴 네모꼴이나 육각형의 얼굴로써, 옆으로 봐서 직립형이나 턱이 앞으로 발달한 사람이 배필이면 좋다.

(3) 세모꼴(역삼각형)의 얼굴

• 모양과 생김새

① 이마가 넓으며 하정이 빠져서 뾰족한 형이다.

② 어깨는 쳐져 있고 몸은 마른 형으로 살집이 적다.

③ 손발이 빈약하게 발달되어 있다.

• 궁합과 운세

① 실천력은 약하나 먼저 머리를 써서 문제를 해결한다.

② 공상형으로 몸을 쓰는 것보다 상상력을 활용한다. 치밀한 두뇌의 소유자이나 우유부단하여 과단성이 부족하다.

③ 성격이 내향적이기 때문에 친구와의 교제도 적어서 고립형이다.

④ 계획성과 이론적으로 따지는 날카로운 면은 있으나 실천력을 보충해 주는 네모꼴이나 긴 네모꼴의 상대가 좋다.

⑤ 날카로운 성격을 부드럽게 감싸줄 수 있는 원형의 인물로 두 볼에 살집이 있는 사람이 상대로서 좋은 궁합이다.

다섯 가지 주요 부위별 인상과 궁합

(1) 눈썹(眉)

눈썹은 눈의 덮개이며 얼굴의 의표(儀表)요, 눈의 장식이다. 주로 사람의 현명함과 우둔함을 판단하는 표상이다.

• 눈썹의 표준형

① 미과안목(眉過眼目): 눈썹이 눈보다 약간 길다.

② 길이는 짧지도 길지도 않다.

③ 남성의 눈썹은 휘어짐이 여성의 눈썹보다 덜하여 직선에 가깝다.

• 눈썹의 모양과 성격, 궁합, 운세

① 눈썹이 평평하고 윤기가 있으면서 긴 사람은 성품이 총명하다.

② 눈썹이 조밀하지 않고 진하면서 헝클어져 있고, 짧고 쭈그러진 눈썹을 가진 사람은 성질이 흉모하고 완고하다.

③ 눈썹이 치켜 솟은 사람은 기가 강건하고 호탕하다.

④ 눈썹 꼬리가 아래로 처진 사람은 성질이 유순하다.

⑤ 눈썹 머리가 서로 마주칠 듯 가까운 사람은 형제운을 방해하고 거꾸로 생긴 사람은 처자의 운을 방해한다.

⑥ 눈썹이 높게 위치한 사람은 대귀(大貴)하고 눈썹 중에 백호(白毫)가 있으면 수명이 길다.

⑦ 눈썹이 없는 것처럼 엷은 사람은 간교한 사람이다.

⑧ 눈썹이 높게 솟아 있는 사람은 권세와 녹(祿)이 두터운 사람이며, 길게 드리워져 있으면 수명이 길며 걱정이 없고, 눈썹이 윤택하면 쉽게 재물을 얻는다.

⑨ 눈썹이 초승달처럼 부드럽게 휘어 있으면 총명이 뛰어나고 눈썹이 눈보다 길면 충직하고 녹이 많다.

⑩ 눈썹이 눈보다 짧으면 심성이 고독하고 머리가 서로 교차하면 형제간에 의리가 없다.

(2) 눈(目)

천지(天地)도 일월(日月)이 있어야 빛을 내고 만물을 비추듯 사람에게도 좋은 눈이 있어야 바로 사물을 볼 수 있고 자기 자신을 나타내는 거울이 될 수 있다.

· 눈을 판단하는 기준
① 눈의 크기(감수성을 나타냄).
② 눈의 모양(감정과 의지력).
③ 눈의 질적 모습(현재의 감정).

· 눈의 형질(形質)과 성격 · 운세

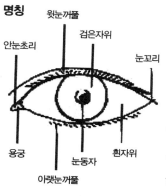

명칭
윗눈꺼풀
검은자위
안눈초리
눈꼬리
용궁
눈동자
흰자위
아랫눈꺼풀

① 왼쪽 눈은 부상(父象)이라 하여 아버지로 보고, 오른쪽 눈은 모상(母象)이라 하여 어머니의 상으로 본다.

② 사람이 잘 때는 마음에 정신이 쉬고, 깨어 있을 때는 정신이 눈에 있다. 그러므로 눈은 정신이 노는 궁(宮)이라 한다.

③ 눈이 좋고 나쁨을 보면 그 정신의 맑고 탁함을 알 수 있다.

④ 눈이 길고 깊으면서 빛과 윤이 나면 장수(長壽)의 상이다.

⑤ 눈이 부풀어 있고 눈동자가 노출된 사람은 요사(夭死: 일찍 죽음)의 상이고, 눈이 크면서 툭 튀어나온 상에 노기(怒氣)가 있는 눈은 수명의 단축을 재촉한다.

⑥ 눈이 어둡고 한쪽으로 노한 상은 부정한 사람이며, 붉은 힘줄이 안정에 침입한 상은 악사(惡死)의 상이다.

⑦ 눈 아래에 와잠(臥蠶)이 있는 상은 귀자(貴子)를 낳을 상이고, 여성의 눈이 흑백 분명하면 몸가짐을 무겁게 하며 눈 아래가 붉은 사람은 산액(産厄)이 걱정된다.

⑧ 양 눈의 사이는 자손궁으로써 풍만하고 결함(缺陷)이 없어야 좋다.

⑨ 눈이 큰 사람은 감수성이 예민하고 표현력이 풍부하다. 화술(話術)이 교묘하여 사람의 기분을 사로잡을 줄 알며, 사교적이고 명랑한 성품이다. 미식가(美食家)이며 음성이 크고 일에 싫증을 잘 내며 실행력과 인내력이 약하다.

⑩ 눈이 작은 사람은 일반적으로 초년운이 좋지 않다. 교제성은 좋지 않으나 근면하고 노력형이다. 의사표시 능력은 부족하나 의지력과 끈기가 있다. 안력이 있어서 관찰력이 예민하므로 견실한 면이 있어 좋은 궁합인을 만나면 개운(開運), 성공한다.

⑪ 아래위의 눈꺼풀에 살이 붙어 눈이 튀어나온 사람은 생활의욕이 강해서 사업에 성공하고 호탕한 면이 있다.

⑫ 움푹한 눈을 갖은 사람은 인내력이 강하고 주의력도 있다. 대인 관계 등은 능숙치 못하나 견실한 생활태도는 부를 쌓아 가는 사람이다. 여성은 냉정한 성격으로 남자의 호감을 사기 어렵고 비사교적이어서 가정이 화목하기 어려우나 남의 이해를 구하는 노력이 있으면 무난하다.

⑬ 눈초리가 위로 치켜 오른 사람은 성미가 급하고 참을성이 없어서 미움을 사기 쉽다. 매사에 급진적인 적극성이 있고 고집이 세다. 그래서 고립되기 쉽다. 여자의 성격은 남성보다 우위를 유지해야 직성이 풀리고 내 주장형이다. 그러나 뒤끝은 없다.

⑭ 아래로 처진 눈초리의 사람은 성품이 소극적이고 수동형의 사람이다. 유연한 면이 있으나 결단성이 부족하고 무뚝뚝하다. 정치가, 경제가로서의 재질이 있다. 여성이 이런 눈이면 의타심이 강하고 이성에 탐닉하는 수도 있어 고생할 운수이다.

⑮ 삼백안(三白眼)의 사람은 삼백이 위, 아래로 있는 사람을 말한다. 위 삼백안의 사람은 권모술수(權謀術數)형이고, 아래로 삼백안이면 명랑하고, 쾌활하며 성공운도 있다.

(3) 코(鼻)

코는 한 얼굴의 중악(中岳)이고 토(土)성에 속한다. 안면의 표상이면서 폐(肺)의 건강 상태를 보이는 곳이다. 코가 막히고 통하게 됨을 보고 폐의 허실을 알 수 있다.

또한 중년운을 보는 부위이며 목표달성을 위한 전진하는 기상을 나타내는 부위이다.

• 코를 판단하는 기준

① 중년 운세의 표상으로 연상(年上), 수상(壽上), 준두(準頭)가 굵직하고 크게 솟아오른 코일수록 상상(上相)이다.

② 의지력을 보는 부위로써 콧방울이 야무지게 생기고 똑바로 내려온 코라면 그 의지력은 강하다고 본다.

③ 경제력을 보는 부위로써 준두(準頭)가 크고 콧방울이 크고 들려 있지 않으면 재운이 좋은 상이다.

④ 건강상태를 알 수 있다. 코가 자리잡고 있는 위치가 크고 넓으면 건강이 좋다.

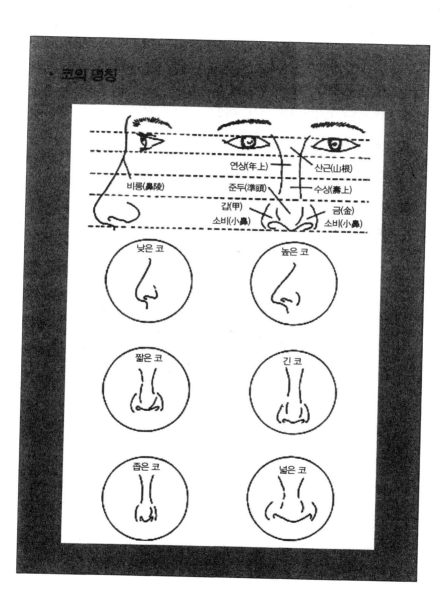

• 코의 모양과 형질

① 코에는 콧날에 연상(年上), 수상(壽上)이 있다. 굵고 짧음에 따라 수명의 길고 짧음을 안다.

② 코뼈가 튼튼한 사람과 허약해 보이는 코가 있다.

③ 준두(準頭: 콧방울)를 보고 사람의 성질을 안다.

④ 코의 색깔로 운수를 안다.

⑤ 콧등의 반점이나 무늬로 운수를 안다.

⑥ 콧구멍의 생김새로 소비성향을 알 수 있다.

⑦ 기타.

• 코의 모양으로 본 성격 · 운세 궁합

① 준두(準頭)가 뾰족하고 가늘면 간계(奸計)를 좋아하는 상이고 코에 검은 점이 많은 상은 일의 막힘이 많은 상이고, 옆으로 무늬가 있는 상은 교통사고의 위험이 있다.

② 코가 크고 풍융하면 의식이 풍족하고 코가 들려서 콧구멍이 노출되면 수명이 길지 못하다.

③ 코가 매의 주둥이처럼 생긴 코는 사람이 음흉한 상이고, 코가 휘어져 구불구불하면 고독하거나 집을 파한다.

④ 준두에 홍색을 띠면 사방으로 자리를 자주 옮기게 되고 콧마루에 뼈가 약하면 반드시 일찍 죽거나 병에 걸릴 염려가 있다.

⑤ 코가 짧고 피부가 약한 사람은 나쁜 상이다. 코가 담겨진 주머

니 같으면 늙어서 길창(吉昌)할 상이다.

⑥ 코의 연상(年上), 수상(壽上)이 움푹 꺼진 상은 지력(知力)이 부족하며 생명력이 빈약한 상이다. 이상을 가진 사람은 감정도 약해서 웃거나 울기를 잘 하는 인상 코이다.

⑦ 콧날이 오똑하게 서 있는 상은 두뇌가 좋고 자존심이 강하여 사람을 무시하는 경향이 있다. 그래서 타인으로부터 미움도 산다.

⑧ 콧날 중앙 측면에 살집으로 층이진 사람은 수완이 좋은 상인 동시에 반항심이 강하다.

⑨ 콧날이 울퉁불퉁하게 층이 진 사람은 공격적인 성격에 타협심이 결여되어 있어 주거나 부부인연이 약한 동시 중병에 주의를 요한다.

⑩ 콧방울이 야무지고 힘차게 솟아 있는 코는 독립심이 강하고 만년운도 좋다. 그 반대로 전체가 넓게 퍼진 코는 만사에 소극적이다. 기(氣)도 몸도 약하다.

⑪ 주머니 코는 한평생 부귀를 누릴 상이다.

⑫ 주머니 코가 보다 더 둥글게 커져서 아래로 처진 코는 만사 용두사미로 시작은 요란한데 끝맺음은 서툴다. 이런 상은 만년에 고생을 한다.

⑬ 콧마루가 좁고 높은 코의 인상은 코의 구멍도 가느다랗고 깊으며 들창코라고 불리는 코는 소비형이다. 낭비가 심하여 남은 재물도 빨리 써버린다. 콧구멍이 작은 사람은 절약가이고 생활의 안정이 있다.

(4) 입(口)

입은 언어(言語)의 문이며 만물의 조화를 관장하는 출입구이며 사람의 마음의 바깥문이니 상벌이 여기에서 나오고 시비(是非)가 이곳을 통하여 이루어진다.

입이 단정하고 중후하며 망녕되지 않음을 구덕(口德)이라 하고 비방하고 말이 많은 것을 구적(口賊)이라 한다.

입의 모양으로는 운세의 강약이나 의지력을 보고, 입술로는 애정의 정도, 정력, 수명, 의지력, 자녀와의 연분 등을 본다.

이 부위는 성적 신경계와 밀접한 관계가 있는 곳으로 젖꼭지, 음부, 항문 등과 같이 섹스의 표상이기도 하다.

• 입의 상을 판단하는 기준
① 입의 대소(大小)로 생활력의 강도나 성격의 음양을 나타낸다.
② 입술의 모양과 색으로 건강상태를 본다.

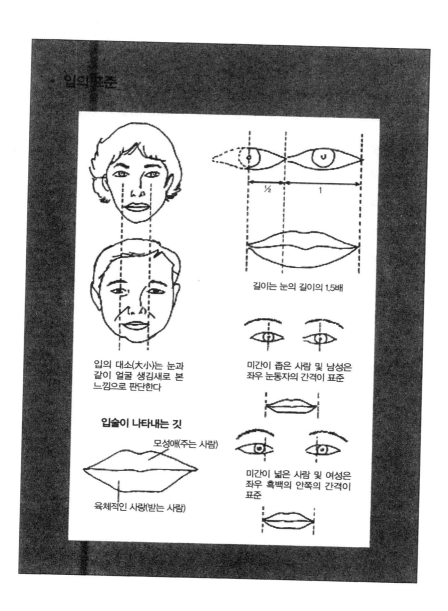

길이는 눈의 길이의 1.5배

입의 대소(大小)는 눈과
같이 얼굴 생김새로 본
느낌으로 판단한다

입술이 나타내는 깃

모성애(주는 사람)

육체적인 사랑(받는 사람)

미간이 좁은 사람 및 남성은
좌우 눈동자의 간격이 표준

미간이 넓은 사람 및 여성은
좌우 흑백의 안쪽의 간격이
표준

• 입과 입술의 모양과 운세

① 입이 네모지고 넓으며 입술 두렁이 뚜렷한 상은 수명이 길고 귀한 상이다.

② 모양이 활 모양을 한 입은 주로 관록을 얻는다.

③ 옆으로 넓고 두꺼운 입은 복이 많고, 입이 바르고 한쪽으로 기울지 않으며 얇지 않은 입은 의식(衣食)이 충족하다.

④ 四자형 입은 길상이고 재물이 있다.

⑤ 뾰족한 입에 입술이 뒤집어져 있거나 한편으로 기울거나 엷은 입술의 상은 빈천한 상이다.

⑥ 말하지 않아도 입이 움직이고 말의 입을 한 상은 굶주린다.

⑦ 입술이 검은 상은 체증이 많고, 입을 열었을 때 이가 밖으로 노출되는 상은 성품이 유순하나 기회 포착에 둔하다.

⑧ 입의 면적이 크고 두툼한 입술의 상은 생활력이 있고 야심가이다. 명랑한 성격에 배짱도 있다. 여성은 연애결혼을 좋아하고 집안에만 있기를 싫어하는 현대여성이다.

⑨ 입이 작은 상은 소심하고 소극적인 생각의 소유자이다. 인내력이 있으며 끝까지 밀고 가는 성품이다. 여성은 의타심이 강하고 인기도 있으나 생활에 불만이 잦다.

⑩ 입술이 두꺼운 사람은 애정이 깊고 입술 빛깔이 선홍색으로 고운 사람은 금전운, 건강운이 좋다.

⑪ 좋은 입술에 세로줄이 뚜렷하면 안산(安産)의 상이다.

⑫ 엷은 입술은 냉담하고 이해심이 부족하며 경계심이 강하다. 마

음도 비뚤어지기 쉽고 이해득실을 따지며 이혼도 쉽게 한다.

⑬ 입이 팔자형으로 입의 양끝이 처진 입술은 사물을 바로 보고 판단하기보다 부정적인 면만 생각하는 형이다. 그러나 의지가 굳고 노력가이며 출세형이다. 남에게 지기 싫어하는 성미로 호감을 사지는 못한다.

⑭ 八자형의 반대로 위로 올라간 형은 성미가 명랑하고 사물을 선의로 해석하는 긍정적인 사람이다. 건강도 좋거니와 남의 호감도 사고 출세도 한다.

⑮ 입술이 말려 올라간 사람은 과시욕이 강한 사람이다. 예능계에 나가는 것이 좋다. 언제나 자기의 존재를 먼저 내세우기를 좋아하며 주목을 받고 싶어한다.

⑯ 아랫입술이나 윗입술이 튀어나온 사람은 서로 반대되는 성격을 갖고 있다. 아랫입술이 튀어나온 사람은 시비 따지기를 좋아하며 무슨 일에나 먼저 반대부터 해놓고 보는 사람이다. 사람을 신용하지 않기 때문에 남으로부터 경원시 된다. 윗입술이 튀어나온 사람은 침착성이 없어 허둥대기를 잘한다. 입은 무거운 편이나 말을 하면 경망스런 말을 잘한다. 그러나 근면하고 가정을 소중히 여기는 사람이다.

⑰ 입에 흠이 있는 사람은 애정운이나 금전운이 박하고 실의와 좌절을 잘한다. 말할 때 입술이 비뚤어지는 사람은 거짓말을 잘한다.

⑱ 말을 할 때 한쪽 입술이 올라가는 사람은 자신만만한 형이고 발작적으로 입이 떨리는 사람은 실언을 잘하는 사람이다.

(5) 귀(耳)

귀는 오관의 하나로써 뇌(腦)와 통하여 마음을 움직이고 신장(腎臟)의 상태를 나타내는 기관이다.

또한 귀의 모양으로 초년운, 중년운, 말년운을 보는 것이다.

• 귀의 모양과 형질

① 귀의 모양으로 선천운이나 재운, 건강상태, 수명을 본다.

② 귀의 피부색으로 현재의 건강상태나 기력, 감정 등을 본다.

③ 귀의 부위별 특징으로 행운이나 수명, 성격 등을 알 수 있다.

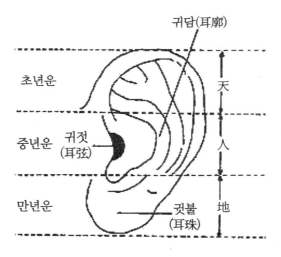

• 귀의 모양과 운세

① 신기(腎氣)가 왕성하면 소리가 맑게 들리고 신기가 허(虛)하면 혼탁하게 들린다.

② 귀가 위로 솟아 있고 긴 모양의 귀는 모두 장수(長壽)의 상이다.

③ 윤곽이 분명하면 소리를 깨달을 수 있고 귓불이 입에 가까우면 재물이 많고 수명이 길다.

④ 귀에 살집이 있으면 부자의 상이고 귀 안에 호모(毫毛)가 생장하면 수명이 길다.

⑤ 귀에 흑점이 있으면 대체로 길상이다. 검은 점은 귀자(貴子)나 총명한 자식을 둘 상이다.

⑥ 이문(耳門)이 넓으면 원대한 지식을 갖출 상이고, 붉은색에 윤기가 있으면 관(官)에 오를 상이며 명망이 있다.

⑦ 귀의 색이 붉고 검으면 빈천한 상이고, 귀가 얇고 앞을 향하면 전답을 없애고, 뒤집힌 귀에 옆으로 기울면 살아갈 집 한 채를 얻기 어렵다.

⑧ 좌우의 귀가 크고 작으면 앞에 운을 **방해하는** 것이 많다.

⑨ 귀가 얼음처럼 굳으면 장수의 상이고 길게 솟은 상은 관록이 있을 상이다.

⑩ 귀인(貴人)은 대저 귀한 눈을 가졌으나 귀한 귀를 갖은 사람이 적고, 천인(賤人)은 혹 귀이(貴耳)를 가졌으나 귀안(貴眼)을 갖은 사람이 적다. 그러나 좋은 상은 먼저 그 색을 보고 그 다음 그 모양을 본다.

⑪ 귀가 종이처럼 얇으면 일찍 죽을상이고 뒤집힌 귀에 이륜(二輪: 귓바퀴)이 없으면 물려받은 재산이 먼지처럼 없어진다.

⑫ 이고어목(耳高於目: 눈보다 귀가 높다)하면 녹(祿)을 받아 빈곤

을 모르고 산다.

⑬ 이문(耳門)이 화살 같으면 빈고하고 의지할 곳이 없다. 이문이 얇고 작으면 수명이 짧고 먹을 것이 적다.

⑭ 크고 귀의 살이 두껍고 윤곽이 분명한 귀는 상상(上相)이다. 사회운, 재운, 가정운, 건강운도 좋아서 자손도 번창한다.

⑮ 귀가 크면 천하태평이나 지나치게 단단하면 고집이 세다.

⑯ 귓담은 그 사람의 대외적인 성격을 나타낸다. 귓담이 클수록 적극성이 있고 자아가 강한 사람이다.

⑰ 귀 위쪽이 발달한 사람은 재지(才智)나 창조력이 풍부하여 재력도 갖는다.

⑱ 위로 뾰족한 귀는 검난상으로 사고를 만나기 쉽다.

⑲ 가운데(人)가 발달한 사람은 행동이 적극적이고 실행력이 있다. 아랫부위(地)가 발달한 사람은 만년운이 좋다.

손금으로 본

궁합

손금으로 궁합을 분석한다

1. 현명한 선택은 손금으로

상대방에게 내 마음속을 보여주고 사랑에 빠져 눈이 멀기 전에 그의 손금을 한번쯤 반드시 보고, 결혼 후의 행복 여부를 꼭 짚고 넘어가자.

잘못된 선택의 책임은 당신에게 있다. 손금 중에서도 결혼선은 다른 것보다도 기막히게 높은 적중도가 있다. 이제 당신의 손금과 상대방의 손금을 비교 분석하여 행운을 찾는 비결을 알아보자.

이 책을 일독하면 당신은 반드시 현명한 선택을 할 수 있을 것이다.

상서(相書) 마의상법(麻衣相法)은 손금을 장문(掌紋)이라 하고 귀한 손금은 맑고 탁하지 않은 것이고, 글씨나 물건의 모양을 닮은 것이라 하였다.

그러나 동양에서는 관상에 의하여 운명을 판단하는 법은 예로부터 사용되어 왔지만 수상을 보는 것은 별로 중히 여겨지지 않았기 때문에 발달이 늦은 감이 있다.

하지만 관상에 나타난 운명은 수상에도 나타나 있고, 수상에 나타난 나쁜 상은 얼굴에도 또한 나쁜 상이 되어 나타나 있는 것이 보통이기 때문에 수상과 함께 관상을 배운다면 얻는 바가 클 것이다.

남에게 함부로 손금을 보이지 말라는 말이 있듯이 그만큼 손금에는 사람의 전부가 감춰져 있다.

특히 손금에서 혼인선은 그 사람의 혼기, 결혼생활의 행·불행, 정조관념 등이 확실하게 표출되어 있다. 백년을 같이 해로할 배필을 얻는 것이 얼마나 중요한가? 그것은 자기 스스로의 책임일 뿐 누구를 탓할 것인가? 불행한 길로 접어들기 전에 아래 내용을 꼭 읽도록 하자.

장구(掌丘)의 명칭

① 금성구(金星丘)

② 제1화성구(火星丘)

③ 목성구(木星丘)

④ 토성구(土星丘)

⑤ 태양구(太陽丘)

⑥ 수성구(水星丘)

⑦ 제2화성구(火星丘)

⑧ 태음구(太陰丘)

⑨ 화성야(火星野)

⑩ 해왕성구(海王星丘)

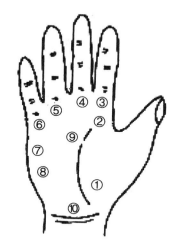

결혼 생활이 행복할 것인가? 불행할 것인가? 또한 빠를 것인가? 늦을 것인가? 하는 문제는 어쩌면 운명적인 것인지도 모른다.

그러나 조혼(早婚)이든 만혼(晚婚)이든 이 문제는 결혼의 행·불행과는 전연 별문제이다. 왜냐하면 조혼이라 해서 반드시 행복하고 만혼이라 해서 불행한 것은 아니기 때문이다.

이제 어떤 사람이 빠른 결혼을 하고 어떤 사람이 늦은 결혼을 할지 이 수상학은 그 비밀을 자신 있게 가르쳐 준다.

2. 손금 각 부위의 명칭

우선 간단하게 손금의 일반적인 명칭을 이해하고 넘어가기로 하자. 앞으로 설명을 이해하는 데 꼭 필요하다. 장구(掌丘)는 손바닥에 기복(起伏)을 나타내고 있는 언덕 같은 부위와 중앙의 평원(平原)을 가리키는 말이다. 문선(紋線)은 손바닥 위에 그려진 가지각색의 선을 말하는데 이 선은 백인백색(百人百色)의 모양을 가지고 있다. 여기에서 가장 중요한 것은 D로 표시된 결혼선이나 그 외 감정선, 이지선 등도 결혼선을 이해하는 데 참고로 필요한 선이기 때문에 기억해 두어야 한다. 이외에 필요한 손금 설명은 각 항의 그림에 표시해 두었다.

문선(紋線)의 명칭

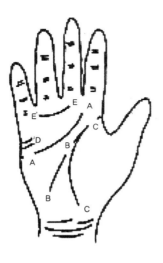

A — A는 감정선(感情線)

B — B는 이지선(理智線)

C — C는 생명선(生命線)

E — E는 금성대(金星帶)

D — 는 결혼선(結婚線)

일찍 결혼할 것인가?

⊙ 혼인선의 기준과 기타 선과의 관계

나이로 봐서 결혼을 빨리 할 것인가? 늦게 할 것인가를 판단하고자 할 때는 남녀를 막론하고 그 키포인트는 결혼선을 봐야 하고, 그 다음 사업선(事業線)과 결혼선의 관계, 목성구(木星丘)에 十자 문양의 유무, 금성구(金星丘)의 모양 등을 종합적으로 관철하여 판단한다.

① 혼인 손금의 기준

먼저 주요 포인트가 되는 혼인선에 대하여 알아보자.

그림 A-A에 나타나 있는 5개의 길고 짧은 선들이 혼인선에 해당하는데 이는 사람마다 똑같지는 않다. 일반적으로 혼인선은 2개 내지

3개가 보통이며 하나만 있거나 또는 4~5개가 있는 사람도 간혹 있다.

혼인선은 3개를 넘지 않는 것이 정상인데 3개 이상 7~8개인 사람은 애정문제로 고민을 많이 하거나 두 번 결혼하는 것으로 본다. 아무튼 결혼선이 보통보다 많은 사람은 재혼 따위는 없다고 해도 정조관념이 희박한 편에 속하기 때문에 애정문제에는 냉정한 편이 못된다. 여기에 관해서는 다음 장에서 논하기로 하고 본 장에서는 우선 결혼 연령의 빠름과 늦음을 알아보자.

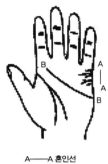

A——A 혼인선

② 결혼 시기를 판단하는 기준

원칙적으로 혼인선이 감정선(그림 B–B)에 가까우면 일찍 결혼하고 멀면 늦게 결혼한다고 되어 있지만 단순히 그렇게만 생각해서는 안 된다. 혼인선이 하나 이상일 때는 그 중에서 가장 긴 것을 기준으로 삼는 것이며 짧고 비뚤어진 것들을 똑같이 보지 않는다.

예컨대 그림에서 보는 바와 같이 5개의 혼인선이 있을 경우 가장 길고 분명한 새끼손가락 쪽에 가까운 것(감정선과는 먼 것)을 기준으로 한다. 만약 손바닥에 결혼에 영향을 끼치는 무늬나 표시 따위가 없는 한 이 사람은 36세에서 38세 사이에 결혼하게 된다. 단 이때 주의할 것은 첫째, 왼손과 오른손의 혼인선 모양이 다를 경우 어느 손을 기준으로 해야 할 것인가 하는 문제와 둘째, 가령 양쪽 손의 혼인 선이 비슷할 경우 2개 내지 3개의 선에 길이의 차이가 있다면 어떻게 해야 하는가 하는 문제를 우선 이해하고 넘어가야 한다.

⊙ 남자는 왼손, 여자는 오른손이 선천운(先天運)

먼저 왼손과 오른손의 혼인선 모양이 다를 경우부터 논해보자. 그 보다 앞서 분명히 해야 할 것은 왼손과 오른손은 근본적으로 어떻게 다른가? 또 왼손과 오른손은 무엇을 볼 때 구분하는가 하는 점이다.

① 여자는 오른손, 남자는 왼손이 선천(先天)

옛날부터 남자는 왼손이 선천을 나타내고 오른손이 후천을 나타내 며, 여자는 이와 반대로 왼손이 후천을 나타내고 오른손이 선천을 나 타낸다고 하였다.

소위 선천(先天)이란, 나면서부터 타고난 천부적인 것을 뜻하며 후 천(後天)이란, 출생한 이후 살아가면서 형성된 사상, 습관, 성격 등을 뜻한다. 그러므로 만약 양손이 비교적 똑같으면 선·후천이 서로 모 순되지 않으니 둘로 구별해 볼 필요가 없다. 문제는 선·후천이 다른 경우이며 또 다른 정도가 비교적 차이가 클 때는 반드시 선·후천을 구별해야 한다.

어떤 사람이 선천적으로 총명하고 타고났다고 할 때(先天), 총명만 믿고 노력을 하지 않았다면(後天) 성공하기 어렵지만 이와는 반대로 천부적인 재능은 없어도 남보다 더 많은 노력을 기울인 사람은 반드시 성공할 것이라고 알고 있다. 이것이 선·후천에 대한 개략적 구분이다.

② 선천(先天)·후천(後天)은 주종(主從)의 관계

그렇다면 결국은 선천이 중요한가? 후천이 중요한가? 라는 의문이 생긴다. 물론 여기에 대한 확실한 답은 말하기 어렵다. 그 어느 것도 모두 다 중요하기 때문이다. 그러나 선천과 후천은 어느 것이 중요한가를 구분하기보다는 주종(主從)의 관계라고 보아야 할 것이다. 선·후천이 주종의 관계라고 정의한다면 선천은 주(主)가 되고, 후천은 종(從)이 된다는 데 대해서는 이론의 여지가 없을 것이다. 그렇지만 사람에 따라서는 주(主)가 더 비중이 클 때도 있고 종(從)이 더 중요할 때도 없지는 않다.

⊙ 혼인선의 길이

이와 같이 선·후천을 구분했을 때, 가령 왼손과 오른손의 혼인선 길이가 다를 때 선천을 위주로 하고 후천을 참작하여 판단하는 것을 원칙으로 한다.

예를 들어 선천 쪽 손의 혼인선은 대략 28세쯤이 혼기일 것으로 나타나 있으나 후천 쪽 손의 혼인선은 19세쯤 결혼할 것으로 나타나 있다던가, 또 양손의 혼인선의 모양은 다르지만 길이가 같다면 이 사람의 혼기는 반드시 빠르며, 늦어도 22세를 넘기지는 않는다고 판단한다.

그러나 이런 경우 백년해로는 어려우며 30세를 전후해서 결혼생활에 문제가 발생하기 쉽다. 만약 후천 쪽 혼인선이 선천보다 짧거나 이혼을 상징하는 무늬 따위가 있다면 더욱 확실하다.

⊙ 선천선과 후천선의 분석

후천의 혼인선은 일찍 결혼할 수 있고, 선천 혼인선은 일찍 결혼할 수 없기 때문에 결혼생활에 문제가 생긴다고 보는 까닭은 어디에 근거를 둔 것인가?

① 후천운은 조혼(早婚), 선천운은 만혼(晩婚)이라면?

그 이유는 간단하다.

이를테면 그 사람의 혼기는 운명적으로 28세가 적령인데 선천적 운명의 예시를 무시하고 조혼(早婚)한 것은 천부적 혼기에 위배된 것이기 때문에 결혼생활에 문제가 생기는 것이라고 할 수 있다. 그러나 사실 이것도 어떻게 생각하면 운명적인 것이라고 할 수밖에 없다. 그렇지 않다면 왜 후천의 혼인선이 조혼을 예고했겠는가?

그러므로 이와 같이 선천은 만혼(晚婚)을 나타내고 후천은 조혼(早婚)을 나타내는 혼인선이라면 「이혼 예고선」또는 정사선(情事線)이라고 하겠다. 다시 말하면 앞에서 가장 늦어도 22세를 넘지 않고 결혼한다고 한 것은 실질적 혼인관계를 말한 것으로써 법률적 결혼까지를 말한 것은 아니다. 혼인신고를 하지 않았다면 법률상으로 결혼한 상대가 아니므로 동거 또는 혼전관계일 뿐이니 법률적 「이혼」을 말한 것은 아니라는 얘기다. 독자들은 이점에 주의하기 바란다.

② 선천은 조혼, 후천운은 만혼이라면

이와는 반대로 선천은 조혼을 나타내고 후천은 만혼을 나타내고 있다면 어떻게 판단하는가?

앞에서 본 예와는 반대로 선천은 19세, 후천은 28세쯤이 혼기로 예고 되었을 경우, 이때도 조혼으로 인해 이혼을 하게 될 것인가?

이 경우에는 전혀 그렇게 보지 않는다. 손금에 이혼을 상징하는 특별한 표시가 있는 경우를 제외하고는 거의 백년해로하는 것으로 본다. 왜냐하면 이 사람의 조혼은 선천적 운명에 순응했기 때문이다.

③ 선천선, 후천선이 같을 때

끝으로 두 개 또는 세 개 정도 비슷한 길이와 혼인선이 있을 경우는 감정선에 가장 가까운 선으로 결혼할 나이를 계산하는 기준으로 삼아야 한다. 이런 혼인선이 있는 사람은 십중팔구 결혼생활이 무난하다.

⊙ 장구(掌丘)와 혼인선

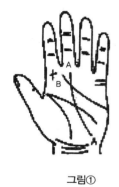

그림①

■ 장구와 혼인선의 관계는 어떻게 작용하는가를 알아보자.

■ 금성구(金星丘)가 특별히 솟은 사람은 결혼이 이른 편인데 이혼할 가능성도 높은 편이다.

■ 사업선(事業線)이 태음구(太陰久)에서부터 시작되었다면(그림①A-A) 조혼(早婚)하는 편인데 상대방으로부터 많은 도움을 받는 것이 특징이다.

■ 만약 목성구(木星丘)에 十자 무늬(그림①B)가 있으면 행복한 결혼의 표시로 보며 이는 또 혼기를 파악하는 기준으로도 삼는다.

■ 이지선(理智線)과 혼인선의 거리가 가까우면 조혼하는 것으로 본다.

■ 대체로 十자 무늬가 목성구의 중심에 있는 사람은 28~30세 사이가 혼기이다.

■ 중심점에서 위쪽에 있는 사람은 36~38세 사이가 혼기이다.

■ 이지선에 가까운 사람은 20~22세 사이에 결혼하게 된다.

■ 만약 혼인선이 나타내는 혼기까지 같다면 그때쯤에 결혼할 것이 거의 틀림없다.

그러나 만약 혼인선이 조혼 또는 만혼으로 나타나 있을 때는 十자 무늬를 기준으로 보아야 하니 이때 혼인선은 크게 고려하지 않는다.

⊙ 당신의 혼인선은?

당신의 결혼은 언제 어떻게 성사될 것으로 예고되고 있는지 연구해 보자.

그림 ②에 나타난 네 개의 혼인선은 한 사람에게 네 개가 있다는 것이 아니라 당신의 혼인선이 네 군데 중 어디에 해당하는 가를 찾아

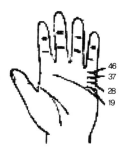

보도록 한 것이다.(옆에 19, 28, 37, 46은 결혼
연령을 표시한 것)

그림②

행복한 결혼인가? 불행한 결혼인가?

　　결혼생활은 행복을 전제조건으로 한다. 그리고 아무 탈 없이 백년 해로할 수 있는 결혼이라야 한다. 본 편에서는 그러한 문제를 집중적으로 분석해 보기로 한다.

　　이것을 알 수 있는 가장 중요한 포인트는 바로 「혼인선」이다. 혼인선이 좋다면 결혼생활도 좋지만 결혼에 나쁜 영향을 끼치는 손금이 있어 결정적으로 불길한 작용을 하는 경우도 있으니 그 문제까지 조금쯤은 광범위하게 알고 넘어가야 정확히 판단할 수 있다.

　　결혼에 영향을 끼치는 것들은 어떤 것이 있으며 어떤 혼인선이 행복을 좌우하는지 그림을 보면서 알아보자.

⊙ 혼인선이 만약 ③과 같다면 남자는 현숙한 아내를 만난다

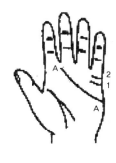

그림③

■두 개의 혼인선이 약간 넓게 떨어져 있고 길이가 비슷하고 곧으면서 곁가닥이나 혼잡한 선이 없으며 구부러지지 않았을 경우 남자라면 반드시 현숙한 아내를 만나고 여자라면 멋진 남자를 남편으로 만나게 된다. 결혼 후의 생활도 좋으며 백년해로한다.

만약 감정선도 좋은 편에 속한다면(그림③ A-A) 의심의 여지가 없다.

이런 모양의 혼인선이 있는 사람은 감정선이 썩 좋지 않더라도 뚜렷한 파열만 없으면 결코 이혼하는 일은 없이 무난히 살아간다.

■물론 이것은 왼손과 오른손이 모두 같을 때에 해당되는 말이며 만약 한쪽만 이렇고 다른 쪽은 혼인선이 난잡하여 길이도 다르고 비뚤어졌거나 또는 4~5개 정도로 혼인선이 많다면 그만큼 불리할 뿐만 아니라 부부간의 감정에도 금이 가기 쉽다.

그러나 결코 이혼을 한다던가 하는 일은 없다.

■만약 감정선이 중간에서 끊어졌거나 무명지 아래서 끊어진 부분이 있다면 이혼의 예고로 볼 수 있다. 그러나 사실 본인의 경험으로 미루어 본다면 이와 같은 길이가 다른 두 개의 혼인선이 있는 사람에

게서 감정선이 끊어진 경우는 거의 보지 못했다.

⊙ 혼인선이 만약 그림 ④와 같다면 불행한 부부가 되기 쉽다

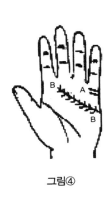

그림④

■ 그림 ④와 같이 두 개의 혼인선이 길이와 크기는 비슷하다 해도 가까이 붙어 있다면 결코 현숙하고 화목한 부부의 표상이 아니기 때문에 결혼하기 전에는 삼각관계에 빠지기 쉽고 결혼한 후에는 부부의 도를 지키기 어려우며 남자라면 새로운 대상을 만나고 여자라면 옛날 연인을 사모하는 경향이 많다고 판단한다.

■여기에 만약 어지럽고 희미한 감정선까지 더해지거나 아래나 위에 가지가 나 있다면(그림④ B-B) 역시 의심의 여지가 없다.

■이러한 혼인선을 가진 사람은 애정상의 부정(不貞)한 것에 대해서는 부정하다기보다는 긍정하는 편인데, 단 감정선이 좋다면 부정(不貞)을 긍정은 하되 단지 심리적일 뿐 그것을 행동으로 옮기지는 않으니 이혼 등 불행을 초래하지는 않는다.

⊙ 혼인선이 만약 그림 ⑤와 같다면 결국은 백년해로한다.

■3개의 혼인선이 그림 ⑤와 같이 떨어져 있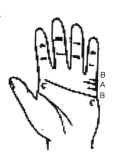
으며 가운데 하나가 특히 길고 양쪽 두 개가 거
의 비슷하게 짧은 경우(그림⑤ BAB) 좋은 편에
속하니 이혼을 예고하는 혼인선으로 보지 않는
다. 그림 ③에서 본 혼인선의 모양과 거의 같은
것이라고 말할 수 있다. 이 문제 역시 감정선이
어떠한가를 보아 판단해야 한다.

그림⑤

■이 그림의 감정선(C-C)을 보면 목성구 중앙에서부터 시작해 끊어
지거나 깨진 곳이 없이 깨끗하니 매우 좋다고 할 수 있다. 이러한 감정
선에 세 개의 좋은 혼인선이 함께 배합되어 있으면 여자친구가 많은 편
이지만 결국은 돌아와 부부관계가 깨지지 않으며 무난하게 살아간다.

⊙ 혼인선이 만약 그림 ⑥과 같다면 부부화합,
일생이 안락하다.

■그림 ⑥에서 보는 바와 같이 혼인선 하나가 뚜렷하게 길고 곧으
며 손 모양이 아름답고 감정선 역시 결함이 없다면 원만한 결혼으로
백년해로하는 표시로 본다.

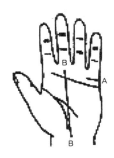

그림⑥

■단, 혼인선이 길고 곧아도 뚜렷하지 않고 색이 나쁘거나 지나치게 깊이 패였으며 손바닥이 때가 낀 듯하며 감정선에도 결함이 있고 특히 손모양이 천박하여 탄력이 없다면 좋지 않을 뿐만 아니라 「홀아비」 또는 「과부」의 손금으로 본다.

■만약 손바닥에 사업선(그림⑥ B-B)이 깔끔하지 못하고 혼인선도 결함이 있다면 의심의 여지가 없다.

■단 여기서 반드시 주의해야 할 점은,

① 사업선이 수려하고 뚜렷하거나,

② 비록 깊고 뚜렷하지는 않아도 색이 선명하다면 원만한 결혼으로 일생을 안락하게 살아간다는 점이다.

⊙ 혼인선이 만약 그림 ⑦과 같으면 성공, 행복

■혼인선이 곧고 길어(그림⑦ A) 성공선(B—B)과 마주치는 지점에서 그쳤다면 이는 대단히 좋은 결혼을 예고하는 표시이며 결혼 대상자들은 대체로 부유하고 유명한 인사이며 결혼 후에도 행복하게 살아간다.

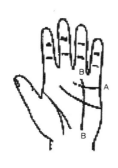

그림⑦

■단 혼인선이 만약 성공선을 뚫고 지나갔다면(그림 중에 점선표시) 유명인이나 부유한 사람과 결혼한다는 점은 같으나 결혼한 후에 재산상의 손실, 또는 지위나 신분상의 문제 등이 발생해 결혼생활이 행복하지 못할 수도 있다.

■이러한 결혼이 이혼까지 갈 것인가 아닌가는 상대방 손금에 이혼을 예시한 표시가 있는가, 없는가를 보고 판단한다. 대체로 이와 같은 혼인선(혼인선이 성공선에 이르러 그친 경우)을 가진 사람은 이혼하는 경우는 거의 없다.

⊙ 혼인선이 그림 ⑧과 같다면 결혼 후 곤란

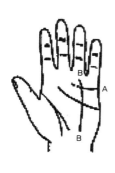

그림⑧

■ 혼인선이 비록 길고 곧아 성공선과 붙어 있다 해도 성공선과 만난 지점에 그림에서 보는 것과 같은 섬(島) 모양의 무늬가 보인다면(그림⑧ A-A) 결혼하기 전 자신의 생활이 좋았고 결혼 준비라든가 결혼 대상자가 어떤 지위에 있는 썩 괜찮은 사람이었다 해도 결혼한 후 반드시 명예나 지위가 큰 손상을 받게 되거나 심지어는 하루 아침에 물거품이 될 가능성이 많다.

■ 만약 손 모양이 좋고 다른 손금들이 좋다면 손상을 받았더라도 오래지 않아 재기할 수 있지만 손 모양이나 다른 손금들이 모두 좋지 않다면 재기를 기대할 수 없다.

단 이러한 혼인선이 있는 사람이라면 손 모양이나 다른 선들이 아주 나쁜 경우는 많지 않다.

⊙ 혼인선이 만약 그림 ⑨와 같다면 크게 성공

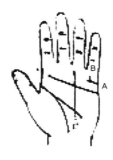

그림⑨

■ 혼인선이 곧고 길며 뚜렷하면서 성공선과 맞닿지 않았으며, 한 가닥이 혼인선 위쪽에서 새끼손가락 쪽으로(성공선과 같은 방향) 뻗어 있다면 이런 사람은 결혼 후 재산이 날로 늘고 지위도 올라가게 된다. 물론 재산이 느는 정도는 상황에 따라 차이가 있지만 손 모양도 좋고 다른 선들도 좋다면 재산 증가의 폭이 매우 크지만 손 모양이 좋지 않고 다른 선들도 수려하지 못하다면 그만큼 재산 증가가 크지 않다.

■ 결론적으로 어떠한 경우를 막론하고 결혼 후에 반드시 재운이 좋다는 것은 단언할 수 있다. 단지 증가의 정도에 차이만 있을 뿐이다.

⊙ 혼인선이 만약 그림 ⑩과 같다면 부부 화합 곤란

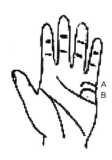

그림⑩

■ 혼인선이 그림 ⑩과 같이 안쪽으로 휘어진 경우, 일반적으로는 모두 좋지 않은 것으로 판단한다. 단, 어떻게 좋지 않은가는 휘어진 정도라든가 모양 등을 보아 종합적으로 판단한다.

■ 만약 미미하고 완만하게 휘어졌다면 크게 나쁜 것으로는 보지 않고 부부간의 불화라든가 배우자가 자신보다 먼저 죽는다는 정도이다.(자신보다 먼저 죽는다는 말은 젊을 때 극처(剋妻)하거나 극부(剋夫)한다는 것이 아니라 극처·극부와는 관계없이 남편이나 아내 중 어느 쪽이 먼저 세상을 떠난다는 것을 뜻한 것이다)

■ 만약 휘어진 정도가 감정선(그림⑩ B)에 닿아 있거나 감정선을 뚫고 지나갔다면 극처나 극부의 예시라고 할 수 있으며 특히 그것이 뚜렷하게 나타나 있다면 십중팔구 그렇게 보아도 틀림없다. 물론 이때는 혼인선이 감정선에 닿아 있을 경우이고, 만일 약간이라도 떨어져 있다면 극부하거나 극처한다고 속단해서는 안 된다. 이런 사람은 이혼 또는 별거 정도로 지나가는 경우가 많다.

■ 극처하거나 극부하는 나이가 언제쯤일까 하는 것은 혼인선과

감정선의 거리가 먼가, 가까운가를 보아 판단해야 한다. 거리가 가깝다면 비교적 빠르고 거리가 멀다면 그만큼 늦게 온다.

■ 이와 같이 극부, 극처의 혼인선을 가진 사람이 극부나 극처를 하였다면 다시는 재혼할 수 없을까? 꼭 그런 것은 아니다. 극처나 극부를 나타내는 혼인선 말고 다른 혼인선이 있는지의 여부와 그 모양이 어떤가를 보아 판단해야 한다.

■ 가령 극처, 극부를 나타내는 혼인선 이외에 좋은 모양의 혼인선(그림⑩ A)이 뚜렷하게 보인다면 이 사람은 반드시 재혼할 수 있으며 배우자를 두 번 극하지는 않는다.

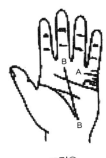

그림⑪

■ 혼인선이 그림 ⑪과 같을 경우 그림에 표시는 되어 있지 않지만 만일 이 혼인선이 곧지 않고 약간 기울어졌거나 극처 또는 극부의 혼인선이 안쪽으로 감싸고 있다면 거의 재혼하지 못한다. 여기에 만약 사업선까지 뚜렷하지 않다면 이는 의심의 여지가 없다.(그림⑪ B-B)

⊙ 혼인선이 만약 그림 ⑫와 같다면…

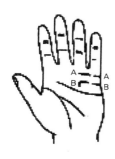

그림⑫

그림 ⑫와 같이 혼인선의 중간이 끊어져 있다면 반드시 부부가 반목하거나 이혼할 가능성이 많다.

■ 끊어진 후 혼인선이 그림에서와 같이 안쪽으로 구부러졌다면(B~B) 배우자가 요절하기 쉬우며 이 역시 극처 또는 극부를 나타낸다고 할 수 있다.

⊙ 극부(剋夫)·극처(剋妻)의 손금

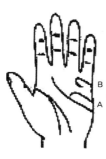

그림⑬

■ 혼인선이 곧고 길지만 끝에서 갑자기 직각을 이루며 안쪽으로 구부러진 경우(그림⑬ A), 이것도 극처 또는 극부를 나타내는 손금으로 보며 배우자가 뜻밖의 일로 사망할 것을 예고한다.

■ 혼인선의 끝 부분이 낚시바늘처럼 휘어졌다면(그림⑬ B) 극처, 극부하지는 않지만 부부관계가 원만치 못하고 서로 원망하며 살아가는 표시로 본다. 가령, 결혼

은 했다 하더라도 해로하며 살기는 어렵다.

⊙ 별거 또는 이혼하는 손금

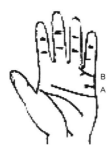

그림⑭

■ 혼인선의 끝 부분이 두 개로 갈라졌으되 그 폭이 작은 경우(그림⑭ A) 결혼에 별다른 지장은 없으나 부부간의 감정이 잘 화합하지 못하는 경향이 많다. 그러나 이혼을 한다든가 별거를 하는 일은 생기지 않는다.

■ 만약 갈라진 폭이 크다면(그림⑭ B) 감정을 자제하지 못해 반드시 별거하거나 급기야 이혼에까지 이를 수도 있다.

■ 그림 A와 같이 갈라진 폭이 작으면 이혼까지는 가지 않으나 만약 감정선에 뚜렷하게 끊어진 곳이 있거나 금성구에 이혼을 상징하는 무늬가 현저하게 나타나 있다면 그 영향에 의해 이혼이나 별거할 가능성이 매우 높다.

■ 만일 갈라진 폭이 비교적 큰 그림 B와 같은 손금이라도 다른 부위에 이혼을 상징하는 것이 없다면 이혼 또는 별거에 이르지는 않는다.

⊙ 혼인선이 만약 그림 ⑮와 같다면 이혼 또는 별거의 상

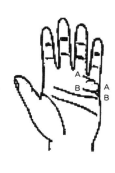

그림⑮

■ 혼인선이 이어져 있으면서 중간이 끊어진 듯하고 끊어진 끝이 가라져 있다면(그림⑮ A-A) 이것도 이혼 또는 별거의 표시로 본다. 단, 별거든 이혼이든 빠르면 몇 개월, 늦어도 2~3년 안에 다시 결합하여 처음과 같이 좋게 살아간다.

■ 혼인선이 그림 B-B처럼 갈라져 있다면 이혼이나 별거의 표시로 보지 않지만 결혼 전 교제에 어려움이 있거나 결혼이 성숙된 단계에서 갑자기 변화가 생겨 결혼이 어려울 것을 나타내는 표시로 본다.

바꾸어 말하면 혼인선이 갈라진 경우 갈라진 상태의 시기(갈라진 것이 크면 시간이 길고 작으면 시간도 짧다)에 관해서는 막론하고 어떤 이유에서건 변화가 발생해 헤어지게 된다는 뜻이다.

그랬다가 갈라진 선이 예시하는 기간이 지난 후 다시 혼사가 이루어질 수 있으며, 또 이 결혼의 대상은 왕왕 아주 오랫동안 연애를 해온 오랜 친구일 가능성이 많다.

⊙ 부부 불화의 상

그림⑯

■ 혼인선의 끝 부분이 갈라졌으며 그 끝이 안쪽으로 구부러졌을 경우, 단 감정선에 닿지만 않았다면(그림⑯ A 굵은선) 부부 불화의 표시로 이혼 등의 문제로 치닫기 쉬운데 만일 감정선이 좋다면 이혼까지는 가지 않는다.

■ 갈라진 것이 안쪽으로 구부러져 혼인선이 감정선과 닿아 있거나 감정선을 뚫고 지나갔다면(그림A 점선표시) 반드시 이혼하게 된다.

■ 감정선에 닿아 있기는 하나 뚫고 지나가지 않았다면 합법적이고 평화적으로 이혼하지만 감정선을 뚫고 지나갔다면 소송·재판 따위를 통해 이혼하게 된다.

■ 이러한 혼인선을 가진 사람은 감정선이 좋아도 운명적으로 헤어질 가능성이 많다.

⊙ 불행의 예고 상

그림⑰

■ 혼인선이 시작되는 곳(그림⑰ A)에 그림과 같은 섬(島) 모양의 무늬가 있다면 첫 번째와 두 번째의 결혼은 비정상적인 관계의 혼인이 되기 쉽다.

여자로 말하면 남자에게 유혹을 당하거나 결혼을 빙자한 간음 등의 피해를 입는 경우에 해당한다. 따라서 어떤 경우이든 버림을 당하게 된다.

이런 상은 남자의 경우에도 정신적 고통과 피해는 적지 않다. 물론 물질적 손상은 없다 하겠다.

그러나 여자는 남자와는 다르기 때문에 이런 혼인선을 가진 여자라면 자신이 그를 원하더라도 신중히 선택하고 경솔하게 법률적 결혼을 결정하여 나중에 피해를 입지 않도록 주의해야 한다.

■ 혼인선에 섬(島) 모양의 무늬가 A처럼 혼인선이 시작되는 곳에 있지 않고 중간에 있을 경우(그림 B),이런 손금을 가진 사람은 결혼생활이 경제 또는 다른 원인으로 인해 파탄에 이르게 되는 표시라 할 수 있는데 손 모양이나 이지선(理智線), 감정선 등이 아주 좋다면 이혼에 이르지는 않는다.

■ 섬 모양의 무늬가 혼인선 끝 부분에 있을 경우(그림C)도 나쁘기

는 마찬가지이다.

　■ 혼인선상에 나타난 섬 모양은 모두 다 좋지 않은 징조를 나타내는 것인데 그림 C와 같은 경우 만일 혼인선이 수려하고 또렷하다면 첫 번째와 두 번째의 혼인관계는 좋지 않더라도 재혼하게 되면 좋은 결과를 가져온다. 그러나 만약 중간이나 끝에 있다면 일생 결혼으로 인한 행복은 모르고 산다고 할 수 있다.

⊙ 배우자에게 나쁜 손금

그림⑱

　■ 혼인선의 끝 부분에 十자 무늬가 나타나있다면(그림⑱ A) 주로 배우자가 질병이나 기타 재앙, 불의의 사고 등으로 사망할 가능성이 많다. 혼인선이 짧고 깊다면 거의 틀림없다.

　■ 만약 十자 무늬가 혼인선 끝에 있지 않고 중간쯤 있어도 불길하지만 반드시 배우자가 사망하지는 않는다. 대신 이혼하게 될 가능성이 많다.

　■ 그러나 중간에 十자 무늬가 있고 혼인선의 끝이 안쪽으로 구부러져 있다면(그림 중 B) 이때는 배우자가 반드시 사망하며 이 죽음은

의외의 죽음일 가능성이 많다.

혼인선에 나타난 것이 십자가 아니고 꽃이나 별 모양이라도 상황은 역시 같다.

⊙ 배우자를 잃을 손금

그림⑲

■ 혼인선상에 검은 반점 같은 것이 나타나 있다면(그림⑲ A) 배우자를 잃을 징조로 본다.

반점이 아주 경미하다면 물론 이렇게 판단하지 않으며 사실 별로 지장이 없다.

반드시 뚜렷한 반점으로 첫눈에 확 띄는 정도라야 반점으로 보며 또 바로 혼인선을 누르는 듯해야 배우자를 잃는 것으로 본다. 만약 이 반점이 회색이거나 흐리다면 배우자를 잃지는 않으나 이혼 등의 문제는 있을 수 있다.

■ 또 혼인선에 좌우로 가느다란 실선들이 나타나 있다면(그림 B) 이것도 이혼의 징조인데 이혼하지 않는다면 부부생활에 많은 장애가 있거나 근심할 일이 있게 된다. 단 혼인선이 길고 곧으며 깊고 수려하면 상관없다.

⊙ 혼인선이 만약 그림 ⑳과 같다면 부부 불화

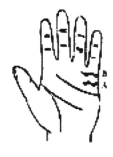

그림⑳

■ 혼인선의 끝 부분에 어지러운 선들이 마구 나타나 있거나 빗자루 자국 같은 무늬가 있다면 (그림 A) 이런 사람은 애정이 순일(純一)하지 않기 때문에 부부사이도 편안하지 않으며 문제가 많아 결국에는 별거나 이혼까지 가게 된다.

■ 혼인선의 양쪽에 긴 가닥 선들이 많이 있다면(그림 B) 이혼은 하지 않지만 부부생활이 건강치 않을 것으로 본다.

⊙ 혼인선이 그림 ㉑과 같다면

그림㉑

■ 혼인선이 시작되는 곳(머리 쪽)은 크고 끝 쪽은 가늘다면(그림 A) 애정이 길게 가지 않는다. 처음에는 불같이 뜨겁다가도 오래지 않아 냉담하게 식어 버리는 얼음 같은 사람이다. 만약 요즘 부부들 같으면 쉽게 이혼하는 경향이 많을 것이다.

■ 혼인선이 구불구불하여 마치 물결 모양을 이

루고 있다면(그림 B) 혼인이 성사되기 어렵고 성사되었더라도 쉽게 환멸을 느낀다. 다시 말하면 이러한 사람은 평생 애정이나, 사랑은 기대하기 어려우니 물 속에 비친 달이나 거울 속의 꽃이라고나 할까?

⊙ 결혼은 사치고 형식이다.

■ 혼인선이 뚜렷해도 그림의 A와 같이 두 개가 모두 짧으면 결혼하기 어려운 징조로 본다. 가령, 어떻게 결혼을 했다 해도 백년해로하기는 어렵다. 또 백년해로를 했다 해도 이런 사람은 일생을 부부답게 살아보지 못한 사람이다.

그림㉒

■ 혼인선이 그렇게 짧은 것은 아니라도 미미하고 무력하여 잘 알아볼 수 없다면(그림 B) 두 개가 모두 짧은 사람과 운명적으로 별 차이가 없다.

■ 감정선이 식지(둘째손가락) 아래 목성구(木星丘)에서 시작되어 끝이 가운데 손가락 아래 토성구(土星丘) 쪽으로 구부러져 있다면(그림 C-C) 인정이 없는 것은 아니지만 명리(名利)에 초연하고 담백한 성격 때문에 세상과는 무관하게 살아가는 사람에 속한다. 그러므로 결혼 따위는 그렇게 중히 여기지 않으며 결혼을 한다 해도 형식적인

결혼생활을 할 뿐이다.

⊙ 독신주의자의 손금

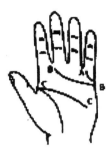

그림㉓

■ 혼인선이 길든 짧든 그 끝이 위쪽으로 휘어졌다면(그림 A) 원하지 않거나 보기 싫은 사람과 결혼하게 될 가능성이 많고 심지어는 아무하고도 결혼하지 않겠다는 경향이 많다. 아마 독신주의자들이 이에 해당할 것이다.

■ 만약 감정선(그림 B-B)은 단축하거나 미약한데 이지선(理智線)(그림 C-C)은 길고 힘이 있게 생겼다면 이 판단은 거의 틀림없다. 남자나 여자나 독신주의를 고집한다고 해서 성 불구자는 결코 아니다. 지극히 정상이면서 단지 생각이 많고 상심을 많이 하거나 고독한 것을 좋아해 결혼 따위에는 관심을 두지 않아 늙도록 혼자 사는 경향이 많다.

⊙ 만약 그림 ㉔와 같다면 독신주의자

■ 손에 토성환(土星環)(그림 A-A)이 있는 사람은 사업의 성패 여

그림㉔

부는 젖혀놓더라도 결혼문제에 있어서 대단히 불리하며 독신을 고집하는 경향이 많다. 왜냐하면 이러한 손금을 가진 사람은 성질이 괴팍하고 오만하며 자신만이 옳고 혼자 있는 것을 좋아하기 때문에 남들과의 교제를 원치 않는 개인주의 성향이 많다. 이런 사람은 결혼한다 해도 결혼생활을 고통스럽게 생각한다.

■ 단 손금이란, 어느 것을 막론하고 끊어지거나 손상된 것이 없어야 좋은데 토성환만은 끊어졌거나 손상된 것처럼 생겨야 좋다.

■ 이지선(理智線)이 좋고 엄지손가락도 힘이 있다면 상황이 달라져서 결혼이나 사업에 어떤 불리함이 생기지 않는다.

■ 이외에 금성구(金星丘)가 낮고 평평한 사람은 이지선이 감정선을 압박하고 있는 사람(소위 이지선이 감정선을 압박하고 있다는 것은 첫째, 이지선이 특별히 강하고 뚜렷한데 비하여 감정선은 약하고 희미한 것. 둘째, 이지선이 감정선보다 높게 있는 것 등을 말한다) 역시 결혼이 쉽지 않거나 결혼했더라도 별로 행복하지 못한 경향이 많다.

그러나 이 역시 꼭 정론이라고 할 수는 없다. 반드시 여러 가지 상황을 종합적으로 보고 판단해야 한다.

⊙ 죽음과 재앙을 부르는 손금

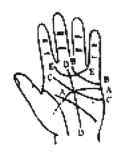

그림㉕

■ 혼인선이 길게 늘어졌고(그림 A-A) 감정선을 뚫고 지나갔으며(그림 C-C), 사업선(그림 D-D)이 손바닥 중앙에서 그쳤다면 이러한 손금은 대단히 흉한 혼인선으로 남편이 죽지 않으면 아내가 사망하는 등 죽음의 재앙이 따르는 손금으로 본다.

■ 만약 이 사업선(그림 D-D)이 계속 뻗어 생명선을 뚫고 금성구에까지 들어갔다면(그림에 점선으로 표시된 것) 이혼하는 정도의 불행일 뿐 다른 재앙은 생기지 않는다.

■ 혼인선(그림 B-B)이 길고 금성대까지 뚫고 들어갔다면(그림 E-E) 이혼 여부와는 무관하며 성격상 인정이 박하고 의심이 많은 사람임을 나타내며 마음속에 어진 구석이라고는 없고 극단적인 사리사욕의 소유자일 가능성이 많다.

⊙ 좋은 인연, 행복한 장래

■ 감정선은 목성구(木星丘)에서 시작되었고(그림 A-A), 사업선은

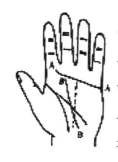

태음구(太陰丘)에서 시작되었는데(그림 B-B) 비뚤어져 올라가 감정선과 마주 닿았다면 반드시 좋은 인연의 배우자를 만날 수 있으며 결혼 후에도 행복하고 재산도 늘 것으로 본다. 단 반드시 감정선과 사업선 모두가 좋아야 하며 끊어지거나 갈라진 곳이 없어야만 좋다고 할 수 있다.

그림㉖

　　■ 만약 감정선이나 사업선이 가운데가 끊어졌거나 갈라졌거나, 끊어지지는 않더라도 선이 흐리며 회백색을 띄고 있다면 좋다고 말할 수 없으며 별로 행복에 관해 논할 것이 없다.

　■ 남자일 경우 사업선이 만약 감정선을 뚫고 지나갔다면 또는 사업선이 태음구에서 시작되어 손목 쪽으로 나 있다면(그림 중 점선) 나쁘다고만 말할 수는 없다.

⊙ 기이한 인연, 만족한 결혼

　■ 사업선이 손목 쪽에서 시작하여 곧장 세 번째 손가락 쪽 토성구(土星丘)로 뻗어나갔을 경우(그림 A-A) 영향선 하나만이 태음구에서 시작되어 사업선과 맞닿은 지점에서 그쳤다면(그림 B-B) 뜻밖에 기이한 인연으로 만족한 결혼을 하게 된다.

그림㉗

그리고 영향선과 사업선이 닿은 곳을 보면 결혼시기도 알 수 있다.

■ 그러나 영향선이 사업선을 뚫고 지나갔다면(그림 B의 점선) 뜨거운 열정적 사랑을 하지만 부부로 맺어지기는 어렵다. 그러나 사업선이 손가락 쪽에서 한 가닥 뻗어나갔다면(그림 C) 첫 번째 결혼은 불리했어도 두 번째 결혼은 행복하다.

⊙ 손금과 결혼의 시기

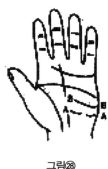

그림㉘

■ 영향선이 태음구에서 시작되어 중간에서 끊어졌다가 다시 사업선에 맞닿아 있을 경우(그림 A-A) 이성과 연애는 할 수 있으나 실질적인 결혼은 이루어지지 않는다. 그렇다고 결혼할 운이 전혀 없느냐 하면 그렇지는 않다. 단지 운이 좋지 않아 결혼할 수 없다는 뜻이다.

■ 영향선이 끊어지지는 않았으나 사업선에 닿지 않은 상태라면(그림 B-B) 남자나 여자를 막론하고 이런 사람은 운이 좋지 않아 결혼이 어렵고 한번쯤 실연을 당하는 일이 생긴다. 그러므로 이 영향선

이 나타내는 시기가 지나간 후라야 이성과의 교제가 이루어지고 결혼도 이루어진다.

생년을 기준한
오행 궁합법

생년을 기준으로 한 오행(五行) 궁합법(宮合法)

사주(四柱)는 무엇을 말하며 오행(五行) 음양(陰陽)이 무엇인지 어떻게 만들어진 것인지를 모르고서는 궁합을 이해하기는 어렵다. 더욱이 기초적인 역리학에 조금이나마 접근하기 위해서는 거창한 문제이긴 하나 우주(宇宙)의 문제부터 이해하고 넘어가야만 그 요체를 알 수 있다고 본다.

우주의 우(宇)는 천지를 말하는 것으로써 횡(橫)적으로 무한대한 공간과 그 공간에 이루어진 삼라만상(森羅萬象)의 양(量)적 형상을 통틀어 우(宇)라 하고 이것을 천원(天元) 천간(天干)이라고 한다. 또한 주(宙)는 끝없는 과거의 시간부터 현재를 거쳐 무궁한 미래로 이어지는, 즉 영겁(永劫)의 미래를 나타내는 말로써 지원(地元) 또는 지지(地支)라고 한다.

우(宇)는 다시 열 가지로 나뉘어 10간(十干)이 되고, 지지(地支)는 열두 가지로 분류해서 12지지(十二地支)가 된다.

◈ 육십갑자(六十甲子)

10간과 12지지를 결합하여 만들어진 것으로써 좌표로 예를 들면 10간을 일차 함수에서 말하는 X좌표로 하고 12지지를 Y좌표로 한다면 X좌표가 갑(甲)일 때 Y좌표는 자(子)가 되고, X좌표가 을(乙)일 때 Y좌표는 축(丑)과 같이 X축의 10간이 십진법과 Y축의 12지지인 십이진법을 순서 있게 쌍을 만들면 갑자(甲子)·을축(乙丑)·병인(丙寅)·정묘(丁卯)……임술(壬戌)·계해(癸亥)의 육십 개의 좌표가 만들어지므로 육십진법이 된다. 이것을 가리켜 육십갑자, 혹은 육갑법이라 한다.

육갑법에 의하여 음양(陰陽), 오행(五行), 수(數), 방각(方角), 색(色), 성질(性質) 등으로 구분한다.

◈ 간지의 음양

10간과 12지지는 각각 음양으로 다음과 같이 나누어진다.

① 천간의 음양

양—갑(甲) · 병(丙) · 무(戊) · 경(庚) · 임(壬)

음—을(乙) · 정(丁) · 기(己) · 신(辛) · 계(癸)

② 지지의 음양

양—자(子) · 인(寅) · 진(辰) · 오(午) · 신(申) · 술(戌)

음—축(丑) · 묘(卯) · 사(巳) · 미(未) · 유(酉) · 해(亥)

◆ **음양의 원리**

천지 만물은 모두가 음양으로 되어 있어 그 무궁무진한 이치를 다 헤아리기는 힘들다. 이것은 상대적으로 이해하여야 하는데 양은 부도(父道)요, 음은 모도(母道)이고, 여자는 음이요, 남자는 양이고, 시작은 양이요, 끝은 음이다. 동적(動的)인 것은 양이고, 정적(靜的)인 것은 음이다. 양은 강(剛)하고 음은 유(柔)하다. 기쁨(喜)은 양이요, 슬픔(悲)은 음이다. 하늘(天)은 양이요, 땅(地)은 음이다. 오장육부(五臟六腑)에서 육부는 양이요, 오장은 음이다.

이와 같이 음양이 아닌 것이 없다. 고저, 원근, 주야(晝夜), 강약(强弱), 현우(賢愚), 좌우 등의 모든 것을 음 · 양으로 나누되 이것이 계속 변화되고 있어서 시간과 공간의 작용으로 음이 양으로 변하고, 양이 음으로 변함을 알 수 있다. 예를 들면 양지가 음지 된다는 말이 있는데 독일의 「히틀러」 같은 독재자는 권력이 최고의 자리에 있을 때

음지가 온다는 것을 몰랐기에 결국은 비참한 최후를 마쳤다.

이와 같은 예는 얼마든지 있지만 이런 원리를 이해하여 실생활에 잘 적용하여 나감으로써 적자생존(適者生存)의 법칙을 따라 살아갈 수 있게 되는 것이다. 따라서 남녀간의 궁합도 이 원칙과 원리에 잘 부합하고 부응할 때 좋은 궁합이 된다.

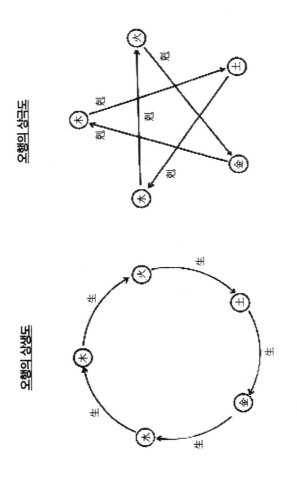

◈ 오행(五行)

오행이란, 金木水火土의 오기(五氣)를 일컫는 말로써 이 다섯 가지 분자가 서로 상생도 하고 상극도 하여 만들어지고 운행 되어가고 있다는 것이다.

오행의 분자가 서로 도와주는 것을 상생(相生)법칙이라 하고 서로 극(배척)하는 것을 상극(相剋)법칙이라 한다.

이상 논한 바와 같이 천간에 음과 양의 열 가지 오행의 간(干)이 있고 지지에는 음과 양의 열두 가지 오행의 지가 있게 된다.

◈ 오행의 상생상극

오행은 서로 상생화친 하는 것과 극하는 것이 있으니 다음과 같다.

(1) 상생하는 관계

金生水, 水生木, 木生火, 火生土, 土生金(금은 수를 생하고, 수는 목을 생하고, 목은 화를 생하고, 화는 토를 생하고, 토는 금을 생한다).

(2) 상극하는 관계

金剋木, 木剋土, 土剋水, 水剋火, 火剋金(금은 목을 극하고, 목은 토를 극하고, 토는 수를 극하고, 수는 화를 극하고, 화는 금을 극한다).

◆ 오행의 왕쇠(旺衰)

각 오행에는 그 기(氣)가 왕성한 계절과 시가 있고 또한 가장 쇠약한 계절과 시기가 있다.

㊎ 가을에 가장 왕성하고, 사계토왕절(四季土旺節: 사계절)에 걸쳐 토가 왕성한 계절, 즉 진(辰)·술(戌)·축(丑)·미(未)월이 토생금하므로 성하고 여름에는 화극금하므로 가장 쇠약하다. 겨울·봄에는 기력이 흘러 나가므로 약해진다.

㊍ 봄의 계절인 인(寅)·묘(卯)·진(辰)월에 기를 얻어 가장 왕성하고, 겨울 해(亥)·자(子)·축(丑)월에도 수생목(水生木)이 되므로 왕성한 계절이다. 여름의 사(巳)·오(午)·미(未)월은 화에게 그 기운을 빼앗기므로 쇠약하고 가을의 신(申)·유(酉)·술(戌)월에는 金의 극을 받으므로 가장 쇠약하다.

㉔ 겨울의 해(亥) · 자(子) · 축(丑)월에 가장 왕성하고 가을의 신(申) · 유(酉)월에도 금생수(金生水)하므로 왕성하다. 봄에는 木에 기운을 빼앗기므로 쇠약하고 여름과 사계토왕절에는 가장 약해진다.

㉔ 여름의 사(巳) · 오(午) · 미(未)월에 가장 왕성하고 봄에도 목생화(木生火)하므로 성하다. 가을 · 겨울에는 가장 쇠약하다.

㉤ 진(辰) · 술(戌) · 축(丑) · 미(未)월에 가장 왕성하고 봄에는 목극토(木剋土)하므로 가장 쇠약하며 가을과 여름에도 쇠약해진다.

오행의 운기 · 음양 운행도

방각	북	
계절	겨울	
오행	수(水)	
간	양	음
	임(壬)	계(癸)
지	자(子)	해(亥)

방각	서	
계절	가을	
오행	금(金)	
간	양	음
	경(庚)	신(辛)
지	신(申)	유(酉)

방각	중앙	
계절	사계절	
오행	토(土)	
간	양	음
	무(戊)	기(己)
지	진술(辰戌)	축미(丑未)

방각	동	
계절	봄	
오행	목(木)	
간	양	음
	갑(甲)	을(乙)
지	인(寅)	묘(卯)

방각	남	
계절	여름	
오행	화(火)	
간	양	음
	병(丙)	정(丁)
지	오(午)	사(巳)

오행의 성질, 속관구분표

오행	방각	계절	하루	기	색	성질(오상)
金	서	가을	저녁	살기	백	의(義)
木	동	봄	아침	생기	청	인(仁)
水	북	겨울	밤	사기	검정	지(智)
火	남	여름	낮	왕기	적	예(禮)
土	중앙	사계절	일중천	돈(보통)	노랑	신(信)

◈ **간지의 오기휴행도**

앞에서 설명한 음양오행과 10간 12지지의 오기(五氣)의 흐름을 쉽게 알 수 있도록 도표화하였다. 간과 지의 음양과 오행, 방각, 계절 등은 앞으로 공부하려는 여러 가지 궁합을 이해하는 데 도움이 될 것이다.

◈ **천간 오행의 성질(性質)**

위에 설명한 음양은 그 질에 있어서 각각 다르기 때문에 분류해 본다.

양간(陽干)의 성질은 남성(男性)과 같은 것으로써 성질이 강(强)하고 독립적이며 죽을 곳에 이르더라도 막다른 골목에서 길을 여는, 절처봉생(絕處逢生)의 기질로써 자기의 곤궁함을 나타내지 않고, 혼자 노력하여 다른 세력에 따르지 않는다.

그러나 음간(陰干)은 이와는 달리 여성적이며 유약하여 독립성이 없고 딴 세력에 붙어 따른다.

간(干)의 오행질을 비유하면 甲의 木은 대림(大林)과 같고 乙의 木은 초목과 같은 것이며, 丙의 火는 태양의 정(精)을 가진, 크게 왕(旺)한 火이고 丁의 火는 촛불과 같은 火를 말한다.

이와 같이 木·火·土·金·水의 오행의 성질이 각각 다르고 이것이 생극하거나 합충(合沖)함에 따라서 왕하거나 쇠하고 또는 길(吉)하기도 하고 흉(凶)하기도 하는 것이다.

이것을 다시 도표로 보면 다음과 같다.

甲木 乙木	丙火 丁火	戊土 己土	庚金 辛金	壬水 癸水
갑목 을목	병화 정화	무토 기토	경금 신금	임수 계수
大林 草木	太陽 燈燭	城垣 田園	劍戟 珠玉	江湖 雨露
대림 초목	태양 등촉	성원 전원	검극 주옥	강호 우로

10간의 성질 각론

(1) 갑목(甲木)의 성질

갑목(甲木)은 순양 목(木)으로써 하늘 높이 솟아 늘어진 기세(氣勢)를 간직한 웅장한 수목이다. 그러므로 갑목(甲木)은 재목감의 나무이다.

甲木일에 태어난 사람의 사주명식 중에 火가 있으면 암암리에 金을 제극(制剋)해 주므로 木을 보호해 지켜준다.

또한 火는 土를 생한다. 그러므로 木은 土에 뿌리를 깊이 박고 크게 성장할 수 있게 된다. 그러나 명식에 火가 지나치게 많으면 木의 힘을 설기(泄氣)시키므로 木의 기가 약해져서 오히려 쓸모 없는 나무가 될 수도 있다.

이런 때는 지지에 辰이 필요하다. 辰은 水를 포함한 옥토로써 능히

木을 기르고 火의 힘을 **뺏어주기** 때문에 일거양득의 작용을 한다.

갑목(甲木)이 시령(時令)을 얻으면 대들보감의 나무가 되지만 얻지 못하면 쓸모없는 나무가 된다. 극을 당하거나 너무 지나치면 썩은 나무와 같다.

(2) 을목(乙木)의 성질

을목(乙木)은 가지와 잎이 많은 등나무이다.

을목(乙木)일생이 봄에 태어나면 火를 보고 기뻐하고 발육이 잘 된다. 여름에 태어나면 명식에 水가 있어 土를 윤택하게 함이 필요하다. 가을에 태어나면 火가 있어야 좋고 火는 능히 土를 생하므로 土가 왕성해야 나무의 뿌리를 잘 기를 수가 있다. 겨울에 태어나도 역시 火가 필요하다. 날씨가 추우면 땅이 얼어 단단해지므로 火로써 녹여 주어야 한다.

木은 땅속에 뿌리를 내리고 土를 극함으로써 영양분을 섭취하여 잘 자랄 수 있게 된다. 木에서 土를 보면 재성(財星)이 되어 우리 인간이 살아감에 있어 재물을 구하여 살아가는 것과 같은 이치이다.

을목(乙木)은 등나무의 木이므로 스스로의 힘으로는 살아 뻗어가기 힘이 든다. 그러므로 甲 또는 寅의 양목(陽木)이 있어야 한다. 이는 넝쿨로 된 나무나 어린 나무는 단단한 나무로 버티어 주어야 하는 이치와 같다.

(3) 병화(丙火)의 성질

병화(丙火)는 양성으로써 태양과 같이 맹렬(猛烈)한 火이다. 양화(陽火)는 강한 火가 되므로 원광석에 해당하는 경금(庚金)을 녹여 각종 기계나 공구 등을 만들 수 있다.

그러므로 적당한 극이 없이는 쓸모 있는 것을 만들 수 없다. 태양과 같은 강렬한 火는 눈이나 서리 등을 녹아내리게 하기 때문에 水가 있어 극을 받아도 두려워하지 않는다.

(4) 정화(丁火)의 성질

정화(丁火)는 음화(陰火)이므로 병화(丙火)와 같이 火의 세력이 강하지를 못하다. 그래서 유화(柔火)라고 한다.

天에 있어서는 별에 해당하고 地에서는 등화에 해당하는 火이다. 별이나 초승달은 태양이 떠오름과 동시에 그 빛을 잃어버리듯 정화(丁火)는 병화(丙火)가 있으면 그 빛을 잃어버리고 병화(丙火)로 화한다.

정화(丁火)는 음화(陰火)이므로 왕성해도 맹렬하지는 않다. 따라서 겨울을 만나서 甲·乙木의 인성(印星)이 있으면 없어지지 않는다. 그러므로 정화(丁火)가 왕하면 金을 주조할 수 있고, 그렇지 않으면 金을 녹여 주조할 힘이 떨어질 뿐이다.

봄을 만나면 목생화(木生火)로 도움을 받으므로 빛을 발하게 되고, 여름을 만나면 용광로에 석탄을 넣음으로써 火가 더 강해지는 것과 같고, 가을을 만나면 더욱 찬란해지고 겨울을 만나면 땅속에 화기(火氣)가 포함되어 있다. 이와 같이 정화(丁火)는 사계절과 모두 융화가 잘 되므로 곤궁해지지는 않는다.

대체로 가을에 태어나면 아주 좋고 겨울에 태어나도 그러하다.

때를 맞추어 태어나면 흉포함을 제재하고 간사함을 누그러지게 한다. 시를 얻지 못하면 우울하고 신음하는 상태가 된다.

(5) 무토(戊土)의 성질

무토(戊土)는 양토(陽土)로써 만물을 폭넓게 포용한다.

무토(戊土)는 거대한 산, 제방 등으로 볼 수 있다. 土는 水를 극하지만 土가 제방이 되어 水의 거센 흐름을 막아준다. 木은 土를 극하지만 土는 木을 잘 길러준다. 土는 단단하면서도 강하므로 무너짐을 막아주고 도로는 단단함으로 해서 사람이나 동물들의 통행을 수월하게 한다.

土는 天과 地의 가운데에 있으므로 중심을 잃지 않고 바르다. 木·火·金·水의 중간에 있으므로 사계절의 순환을 돕는다.

어떠한 것도 土에 의하지 않는 것이 없다. 예컨대 木은 土에 의해 성장하고, 火는 土에 의지하여 화세를 유지하고, 金은 土 속에 있으면서 보호를 받고, 水는 土에 의해 물의 흐름이 순조롭게 되는 것이다.

봄·여름 계절에는 土의 기세가 열리어 만물을 생하고 가을·겨울에는 기세가 조용히 가라앉으면서 만물을 수장하는 작용을 한다. 즉, 만물의 목숨을 돌보는 것이다.

무토(戊土)의 기세는 높기 때문에 봄·여름의 계절에는 화생토(火生土)로 土가 왕성하고, 왕하게 되면 水가 있어 윤(潤)하게 됨을 필요로 한다.

(6) 기토(己土)의 성질

기토(己土)는 음토로써 유(柔)하다. 소규모의 土, 정원의 土로써 그 성질은 비습의 土가 되므로 능히 초목과 곡식을 배양, 발육시킨다.

기토(己土)도 무토(戊土)와 같이 木·火·金·水의 중간에 있으면서 중정이라고 한다. 木이 土를 극하지만 木은 土에 의해 배양되므로 두려워하지 않는다. 土가 水를 극하지만 土가 왕하면 능히 水를 멈추고 그 흐름을 순조롭게 하므로 水가 왕함도 두려워하지 않는다. 기토(己土)가 丁을 보면 50%의 도움을 받는 편인(偏印)이 되는데 정화(丁火)가 己土를 보면 설기가 되므로 정화(丁火)의 기세가 약해져서 그 빛을 제대로 발할 수 없으므로 해는 끼치지 않는다.

신금(辛金)은 기토(己土)의 도움을 받으므로 100%의 도움을 주는 식신(食神)을 윤택하게 한다. 이와 같이 기토(己土)는 도움을 주거나 받아도 모두 양호한 좋은 성질을 가지고 있다. 무기(戊己)의 土는 능히 만물을 생산하는 오곡의 신인고로 사직(社稷)이라 칭한다.

(7) 경금(庚金)의 성질

경금(庚金)은 가장 강(剛)한 기질을 갖고 있다. 천지숙살(天地肅殺)의 권을 장악한다. 하늘에는 달이 있고 땅에는 철광석이 있다. 모든 곡식과 과일은 가을에 거둬들인다. 그러므로 金의 계절에 만물은 비로소 성숙한다. 성숙이라 함은 하나의 매듭으로써 매듭이 있으므로 해서 사람이 할 일을 다 하게 된다. 수목은 金에 의해서 베어지고 또 잘 다듬어서 각종 기물과 건축물에 유용하게 쓰여지게 된다. 이와 같은 경우는 金의 극에 의해서만 가능하므로 적절한 극은 조금도 두려울 것이 없다.

金은 강한 것이므로 水가 있어 설기시켜 주면 매우 좋다. 정화(丁火)가 있으면 金을 녹여 유용하게 쓸 수 있고 축진(丑·辰)의 土월생인 경우는 습土가 되므로 金의 세력은 약해진다. 金은 甲을 쉽게 극할 수 있으나 乙의 음木은 극할 수 없다. 이는 유한 것이 강한 것을 제한다는 이치에 근거한 것이다.

경금(庚金)이 왕성하여 강건하게 되면 壬·癸의 水가 있음을 기뻐한다. 이는 강건하고 흉포함을 水가 설기시키므로 금백수청(金帛秀

淸)의 상이 되기 때문이다. 경금(庚金)이 時를 얻으면 전제적이며 사람에게 굴하지 않고 時를 얻지 못하면 권위를 잃는다.

(8) 신금(辛金)의 성질

강하지도 않고 온순한 성질의 금은 신금(辛金)을 두고 하는 말이다. 신금(辛金)은 유약하고 火로써 다듬어진 금은에 해당한다.

신금(辛金)에 무기(戊己)의 土가 많으면 편인(偏印) 인수(印綬)가 많게 되는데 이는 土가 子인 金을 너무 애지중지함이 지나쳐서 빛을 못 보게 되는 것과 같다. 즉, 土가 너무 많으면 金은 땅속에 묻혀서 바깥세상으로 못 나옴과 같다. 土는 水를 극하기 때문에 水를 고갈시키므로 이 土가 겹쳐 있음을 두려워한다. 만약 土가 많아 신금(辛金)을 생함이 지나칠 때는 水가 있어 신금(辛金)을 설기시키면 능히 오행을 두루 갖추게 된다.

신금(辛金)은 연금이므로 火를 필요로 하지 않는다. 火가 왕한 것을 만나면 칠살이 되므로 좋지 않다.

신금(辛金)은 대체로 水를 기뻐하지만 冬월의 水는 얼어붙으므로 金의 활동을 저해한다. 만약 冬월생이 재차 水왕하게 되면 금한수냉(金寒水冷)하여 세상에 나올 수 없게 된다. 이럴 때는 정화(丁火)를 절실히 필요로 한다. 이는 정화(丁火)가 조후용신이 되어 水를 따스하게 하여 얼어붙은 것을 녹여 능히 金을 양육하기 때문이다. 남자의 명으로 丁火는 없고 丙火가 있으면 귀명이 된다 해도 불충을 면할 수 없다. 여명인 경우는 남편을 극하지 않으면 부부화합이 어렵다.

신금(辛金)일생이 水를 보면 금수 청려하므로 사람은 총명다지(聰明多智)하다. 그러나 水가 많으면 좋지 않다. 이는 水에 金이 가라앉기 때문에 쓸모가 없다. 이때는 土가 있어 水를 제하면 이런 일은 없다. 이와 같이 태과나 불급은 모두 다 좋지 않은 것이다.

(9) 임수(壬水)의 성질

임수(壬水)는 계수(癸水)와 그 질에 있어서는 같으나 임수(壬水)는 양수(陽水)이다. 큰 호수의 물로써 많은 하천의 근원이 된다. 항상 움직이며 멈춤이 없다. 속은 강하나 밖은 음(陰)하다. 그 세력은 엄청난 힘을 지니고 있으므로 왕양(汪洋)이라고 한다. 水는 서쪽으로부터 그 근원을 두고 있다.

지지(地支) 중 삼합(三合)은 水국이 된다. 金은 水를 생하고 서로 상관관계가 되는 것이다.

金은 가을을 뜻하며 가을은 겨울로 옮아가면서 사시(四時) 순환의 질서를 이룬다.

水는 하늘로 올라가기도 하고 땅속 깊이 스며들기도 하고 담는 그릇에 따라 그 형상이 다르게 된다. 水는 수증기가 되어 하늘로 올라갔다가 火를 만나면 비가 되어 땅으로 내려와서 만물을 생육시킨다.

사람의 지력(智力)은 유통성(流通性)에 있는데 천지에 있어서는 산하(山河) 백천(百川)이고, 사람에 있어서는 피의 흐름이다.

水에도 맑고 탁한 것이 있듯이 지(智)에도 바른 것과(正) 나쁜 것(邪)이 있다.

水가 태과할 때나 불급할 때는 지구상의 모든 생물과 무생물을 상하게 하는 해악(害惡)을 끼친다. 마찬가지로 사람에게 있어서도 지력이 태과하거나 불급해도 해를 끼치게 된다. 그러므로 사람의 지력도 사주 명식에 水가 어떻게 조화를 이루고 있느냐에 따라서 알 수 있는 것이다.

(10) 계수(癸水)의 성질

계수(癸水)는 순음(純陰)의 水로써 天에는 天河, 地에서는 이슬, 서리, 눈 등이다. 또한 적은 양의 저수지나 골짜기에 흐르는 작은 천수(川水)에 지나지 않는다. 癸는 10간 중 끝에 있으므로 순음이고 가장 약하다.

水는 木을 보고 생(生)하므로 그 뿌리가 이어진다. 계수(癸水)가 가장 약하긴 해도 무토(戊土)를 보면 화합하여 火가 되므로 명식에 화토(火土)가 있어도 두려워하지 않는다.

생년(生年)으로 궁합 보는 법

육십갑자납음오행표

	甲子	乙丑	丙寅	丁卯	戊辰	己巳	庚午	辛未	壬申	癸酉
1순	해중금(海中金)		노중화(爐中火)		대림목(大林木)		노방토(路傍土)		검봉금(劍鋒金)	
2순	甲戌	乙亥	丙子	丁丑	戊寅	己卯	庚辰	辛巳	壬午	癸未
	산두화(山頭火)		간하수(澗下水)		성두토(城頭土)		백랍금(白蠟金)		양류수(楊柳水)	
3순	甲申	乙酉	丙戌	丁亥	戊子	己丑	庚寅	辛卯	壬辰	癸巳
	천중수(泉中水)		옥상토(屋上土)		벽력화(霹靂火)		송백목(松柏木)		장류수(長流水)	
4순	甲午	乙未	丙申	丁酉	戊戌	己亥	庚子	辛丑	壬寅	癸卯
	사중금(沙中金)		산하화(山下火)		평지목(平地木)		벽상토(壁上土)		금박금(金箔金)	
5순	甲辰	乙巳	丙午	丁未	戊申	己酉	庚戌	辛亥	壬子	癸丑
	복등화(覆燈火)		천하수(天河水)		대역토(大驛土)		차천금(釵釧金)		상석목(桑柘木)	
6순	甲寅	乙卯	丙辰	丁巳	戊午	己未	庚申	辛酉	壬戌	癸亥
	대계수(大溪水)		사중토(沙中土)		천상화(天上火)		석류목(石榴木)		대해수(大海水)	

※ 육십간지 납음오행(六十干支納音五行)은 궁합을 보는 데 있어 전통적이고 가장 일반적인 방법으로, 생년을 기준으로 하여 궁합을 보는 데 있어서 보고자 하는 납음오행을 찾는 데 이용된다.

1. 부록에 수록된 「연대별 구성(九星) 일람표」또는 「만세력」을 참조하여 궁합을 보고자 하는 남녀 두 사람의 생년 간지를 찾는다.

2. 「납음 오행표」에서 木·火·土·金·水의 납음 오행을 찾아 대조한다.

3. 「궁합해설」에서 궁합의 길(吉)·흉(凶)을 점쳐본다.

※ 좋은 궁합이 아니면 「궁합 상극 중 상생지명」까지 찾아본다.

남녀 궁합과 해설

男金女金: 용변화어(龍變化魚). 용(龍)이 변하여 물고기가 된다. 남녀가 같이 살면 불길한 운으로써 평생을 무익하게 지내게 되고 우마(牛馬)와 재물이 자연히 줄어들게 되며 관재수와 기타 재앙(災殃)이 많이 생기리라.

男金女木: 유어실수(游魚失水). 물고기가 물을 잃은 격이다. 金이 木을 극하니 관재와 기타 재난이 있으며 집안이 화목하지 못할 것이며 재산이 사라지고 부부간에 생사 이별하여 독수공방할 운이다.

男金女水: 사마득타(駟馬得馱). 네 필의 말이 짐을 얻는 격이다. 금생수의 상생격이니 부부간에 화목할 것이며 집안 살림이 넉넉하고 겨울을 지난 초목과 같으니 자손이 흥왕하여 효도하고 영화가 무궁하리라.

男金女火: 수마중타(瘦馬重馱). 병들고 야윈 말이 무거운 짐을 실은 격. 火가 金을 극하니 백년을 조심해야 할 운이다. 재물이 자연 줄 것이며 이별 수가 있고 혹 자손을 두더라도 기르기가 어렵다.

男金女土: 선득토목(仙得土木). 신선이 땅과 나무를 얻은 격이다. 土가 金을 생하니 부귀하고 이름을 빛낼 운이다. 자손이 번성하고 노비 전답이 많으며 거룩한 이름을 세상에 떨치니 평생 근심 없이 지내리라.

男木女金: 와우부초(臥牛負草). 누운 소가 풀을 진 격이다. 金이 木을 극하니 불길한 운이다. 부부간에 평생 같이 살기 힘들며 재산도 풍족하지 못하고 자손에 근심이 많으며 재액(災厄)이 많으리라.

男木女木: 주실계견(主失鷄犬). 뜻밖에 닭과 개를 잃은 격이다. 평생에 길흉이 상반하고 재산이 풍족하지는 못하나 부부 화목하여 생남 생녀하고 평생 굶주리지는 아니하리라.

男木女水: 조변성응(鳥變成鷹). 새가 변하여 매가 되는 격이다. 水가 木을 생하니 부부 금슬이 지극하고 자손이 효도하며 친척간에도 화목하고 복록이 가득할 것이며 수명도 누리고 이름도 떨치게 된다.

男木女火: 삼하봉선(三夏逢扇). 여름에 부채를 얻은 격이다. 木이 火를 생하니 자손이 만당하고 복록이 창성(昌盛)할 격이다. 평생 금의 육식으로 부러울 것이 없으며 복은 찾아들고 재앙은 사라진다.

男木女土: 입동재의(入冬裁衣). 겨울에 이르러 겨울옷을 만든다는 격이다. 木이 土를 극하니 부부간에 금슬이 나쁘고 자손이 불효하며 패가망신하기 쉽다.

男水女金: 삼객봉제(三客逢弟). 삼객이 동생을 만난다. 金이 水를 생하니 부귀할 운이다. 자손이 창성하며 평생이 점점 부유해지고 친척간에 화목하며 노비와 전답이 많으리라.

男水女木: 교변위룡(鮫變爲龍). 상어가 변하여 용이 된다. 水가 木을 생하니 재산이 흥왕할 것이며 영화가 무궁하고 공명이 또한 겸비할 것이며 자손이 만당하니 평생에 기쁜 일 뿐이다.

男水女水: 병마봉침(病馬逢針). 병든 말이 침을 만난 격이다. 水가 서로 합하니 부귀할 것이고 부부 금슬이 좋다. 친척간에 화순하며 사방에 전답이 가득하다. 자손이 창성하고 일생 안락할 것이다.

男水女火: 화락봉서(化落逢署). 꽃이 떨어지고 여름을 만난 격이다. 水·火가 서로 상극하니 부부 불순하고 자손이 불효하며 일가친척이 화목치 못하여 자연히 재액이 중중하게 되리라.

男水女土: 만물봉상(萬物逢霜). 만물이 서리를 만난다. 水·土가 상극하니 부부간 금슬이 좋지 못하고 자손 또한 불효한다. 가도가 자연히 패하고 재물이 없으며 상부(喪夫)할 운이다.

男火女金: 용실명주(龍失明珠). 용이 여의주를 잃은 격이다. 火가 金을 극하니 불 가운데 눈같이 사라지고 아무것도 믿을 것이 없다. 자손은 극히 귀하고 인륜(人倫)이 어지러워 재앙이 많고 재물은 사라지리라.

男火女木: 조변성학(鳥變成鶴). 새가 변하여 학이 되는 격이다. 木이 火를 생하니 만사가 대길하고 부부 화합하여 자손이 효성스럽고 사방에 이름을 떨치어 벼슬을 얻으며 대부가 되리라.

男火女水: 노각도교(老脚渡橋). 늙은이가 다리를 건너는 격이다. 水가 火를 극하니 만사가 대흉하매 상처(喪妻)할 운이고 일가친척이 불화하고 재물도 없을 운이다.

男火女火: 용변위어(龍變爲魚). 용이 변하여 고기가 된 격이니 火와 火가 만나서 별로 길한 것이 적고 흉액(凶厄)이 많다. 재물은 흩어지고 부부가 화합하지 못하니 자손이 없고, 화재(火災)로 변을 당한다.

男火女土: 인변성선(人變成仙). 사람이 변하여 선녀, 신선이 되는 운이다. 火가 土를 생하니 재물은 풍족하고 자손이 창성하며 평생 근심이 없고 부귀 복록이 자연히 이루어지고 도처에 이름을 떨치리라.

男土女木: 고목봉추(枯木逢秋) 격이니 마른 나무가 가을을 만난 격이다. 木이 土를 극하니 부부가 서로 화합하지 못하고 관재 구설이 빈번하게 일며 겉으로 보기에는 부유하나 안으로는 가난할 것이요, 백년을 근심으로 보내리라.

男土女金: 조변성웅(鳥變成鷹). 새가 변하여 매가 된 격이다. 土가 金을 생하니 부부 해로(偕老)하여 자손이 창성하고 부귀공명이 겸전하여 재물이 산과 같고 노비가 집안에 가득하니 태평스러운 평생을 살리라.

男土女水: 음주비가(飮酒悲歌). 술을 마시고 슬픈 노래를 부르는 격이다. 土가 水를 극하니 비록 자손이 있어도 동서로 흩어질 것이고, 부부지간에도 생이별을 하게 되고 가산(家産) 역시 탕진하게 되리라.

男土女火: 어변성룡(魚變成龍). 고기가 변하여 용이 된 격이다. 火가 土를 생하니 부부간의 금슬이 좋고 자연히 부귀하게 될 것이다.

효자 효부를 두어 즐거움을 누리고 노비 전답이 즐비하리라.

    男土女土: 개화만지(開花滿技). 가지마다 꽃이 핀 격이다. 土와 土가 서로 상합하니 자손이 창성할 것이며 부귀할 운이다. 금의 육식에 풍류객이 되어 고루거각(高樓巨閣)에 앉아 영화를 누리게 된다.

궁합 상극 중 상생(相剋 中 相生)지명

궁합이 서로 극하고 있으나 그 중에서도 상생작용을 하는 것이 있다.

■ 사중금(砂中金)과 검봉금(劍鋒金)은 火를 만나야 성취한다.

■ 벽력화(霹靂火), 천상화(天上火), 산하화(山下火)는 물(水)을 얻어야 복록과 영화가 있다.

■ 평지목(平地木)은 금이 없으면 성취하지 못한다.

■ 천하수(天河水), 대해수(大海水)는 흙(土)을 만나면 자연히 형통한다.

■ 노방토(路傍土), 대역토(大驛土), 사중토(沙中土)는 나무(木)가 아니면 평생을 그르치게 된다.

12운성(運星)으로

그를 알고

나를 안다

12운성(運星)으로 그를 알고 나를 안다.

1. 12운성이란?

12운성이란 태양(太陽)의 위성으로써 일정한 경사 각도와 고정 좌표를 한치의 오차도 없이 유지하면서 자전과 공전을 지속하는 지구(地球)의 운행 과정에서 음양(陰陽), 오행(五行)의 정기를 받은 인간이 어떻게 생로병사(生老病死)의 과정을 되풀이하고 있는가를 보여주는 학문이다.

이 과정을 측정하는 방법으로 오행이 있다. 이 오행에 10간(干)과 12지(支)를 배치하여 이들이 상호관계를 통하여 수치로 나타낸다.

12지는 음(陰)·양(陽)으로 만물이 태어나고 성장하고 성숙하면 노쇠하는 왕쇠 강약을 세부적인 방법으로 나타낼 뿐 아니라 음양의 왕쇠 강약까지도 자세히 밝혀준다.

요컨대, 이 오행의 왕쇠 강약을 12단계로 세분한 것이 12운이다.

2. 12운성의 순환

12운은 마치 불교의 윤회설과도 일맥상통하는 원리이다. 즉, 태(胎)는 잉태를 나타내는 말로써 정자와 난자의 만남을 뜻하고, 양(養)은 모태 내에서 자라는 과정이고, 장생(長生)은 세상에 태어남을 뜻한다. 목욕(沐浴)은 인생의 출발을 위하여 목욕하는 것이고, 관대(冠帶)는 성장하여 성인이 되어 사모관대를 쓰고 성인이 됨을 뜻하고, **건록(建祿)은** 수신 수학 후에 사회에 진출, 취직이나 돈벌이를 하는 등의 사회 활동인을 말하고, 제왕(帝王)은 사회 활동기가 무르익어 극에 달한 것이다. 쇠(衰)는 극에 달했던 체력이 기울어져 쇠약해짐을 뜻하고, 병(病)은 원기 쇠진하여 몸에 병이 생김이고, 사(死)는 인생을 마감하는 생명의 끝을 나타내고, 절(絕)은 사(死)와 같이 시신이 되어 썩어 없어지는 것이다.

한 생애가 이처럼 끝나면 다시 순환 과정의 출발로 태(胎)로부터 다시 시작하여 돌고 도는 과정이 된다.

3. 12운의 분류

12운을 4개씩 묶어서 3개의 그룹으로 분류한다.

① 사왕(四旺)

장생, 관대, 건록, 제왕의 네 가지로 운세의 강함을 나타낸다.

② 사평(四平)

목욕, 태, 묘, 양의 네 가지로 보통의 운세이다.

③ 사쇠(四衰)

쇠 · 병 · 사 · 절의 네 가지로 운세의 약함을 나타낸다.

이 구분은 사주(四柱)를 볼 때의 생년 · 월 · 일 · 시에 대조하여 체(體)의 강약을 판단하는 자료가 되기도 하나 여기에서는 나, 즉 자아를 나타내는 **일간**(日干)에 적용하여 궁합을 보는 자료로 삼는다.

4. 12운으로 궁합 보는 요령

궁합을 보기 위해서 먼저 만세력에서 보고자 하는 사람의 생일(음력) 간지를 찾아 12운성 조견표에 대조해 본다. 조견표에 보면 일간은 왼쪽 줄 세로 난이고 지지는 가로 난에 있다. 일간을 년 · 월 · 시지에 각각 대조하여 찾는다.

※ 한가지 충고하고 싶은 것은 이 12운성에 너무 치우쳐서 전적인
운명을 감정하는 것은 곤란하다. 다만 궁합을 보는 보조자료로 이용
하길 바란다.

5. 12운성의 특징과 성격 해설

▣ 절(絶): 절처봉생의 별

• 특징

정신과 육신이 갈라져 단절된 상태로 무형의 기(氣)이기 때문에
형체가 없어 사랑할 수는 있어도 잡거나 묶을 수는 없다. 12운성 중
음 · 양을 갖추지 않은 것은 오직 절(絶) 뿐이고, 끊어진 곳에서 새로
운 싹이 트는 절처봉생(絶妻逢生) 격이다.

만물이 땅속에 있을 때 형체가 없는 것과 같이 배속에 아직 태가
형성되지 않음과 같다.

• 성격

① 변화무쌍하고 지구력이나 참을성이 없다.

② 인정에 약하고 귀와 생각, 행동까지도 경박하니 실리 면에서 손해를 보게 되며 여자는 남자의 유혹에 쉽게 빠져 몸을 망치기 쉽다.

③ 자기위주여서 자기만 기쁘고 즐거우면 그만이다.

④ 아끼고 귀여워해 주어야 좋아하기 때문에 나이 많은 어른과의 사랑을 즐긴다.

⑤ 주관이 없어 남의 꼬임에 잘 빠지고 장남이라도 타향살이를 하게 된다.

⑥ 이것저것 고르기 좋아하며 저울질하고 색에 탐닉하기 쉽다.

⑦ 순진 담백하며 쉽게 권태를 느껴 한 가지를 일관하는 것은 질색이다.

(年) 부모와의 인연이 박하고 조업(祖業)을 이어받지 못하므로 손해를 본다.

(月) 절이 월주에 있으면 육친 무덕하고 매사에 손실이 많으며 대인관계가 원만치 못하여 사회생활을 하는 데 고립되기 쉽다.

(日) 절이 일주에 있으면 항상 마음속으로 변동을 좋아하며 주관이 없어 남의 꼬임에 잘 빠지고 무계획적인 일을 갑작스럽게 벌여놓아 주위를 놀라게 하며 호변성(好變性) 때문에 결혼 후에도 가정에 불만이 많아 이혼하기도 하는 가정운이 좋지 않다. 따라서 배우자 연이 박하다.

여자는 결혼 전에 정조를 잃기 쉽고, 특히 갑신일(甲申日)생은 남편궁이 불리하여 늦게 결혼하는 것이 좋고 갑신일(甲申日)생, 신묘일(辛卯日)생은 남녀를 가리지 않고 춤과 노래를 즐긴다.

(時) 자손 때문에 근심이 많다.

▣ 태(胎): 잉태의 별

• 특징

천지 만물이 땅 속에서 새 생명을 움틈과 같고 허공에서 맴돌던 외로운 영혼이 그리던 육신의 짝을 찾아 여인의 자궁에 잉태함으로써 새로운 생명으로 부활하는 시점을 태라고 한다.

이제 막 잉태한 상태로 아직 아들인지 딸인지조차 분별되지 않은 핏덩이이고 어머니 뱃속이 세상의 전부인양 현실에 너무도 어둡다.

• 성격

① 세상 물정을 아직 알 수가 없으니 불안하고 초조하다.

② 주관이 약하여 남에게 의지하려 하고 정적인 업무는 잘하나 동적인 업무는 서툴다.

③ 폭력을 두려워하고 평화를 가장 염원한다.

④ 주체성이 약하고 의타심이 많으므로 자기의 희망과 발전을 스스로 이룩하려고 노력하기 이전에 남의 도움을 먼저 받으려고 기웃

거리는 경향이 있다.

⑤ 갖가지 꿈과 이상, 낭만을 먹고 자라며 개방된 자유를 희구한다.

⑥ 타인으로부터 부탁을 받으면 그대로 받아들이고 쉽게 약속을
한다.

⑦ 동성끼리는 쉽게 친하고 명랑하게 교제를 하고 노는데 이성과
의 연애는 무척 서툴고 경원한다.

⑧ 이상은 높으나 현실엔 어둡고 둔한지라 인간사에 착오가 많고
곧 환멸과 싫증을 낸다.

⑨ 권태를 쉽게 느끼고 항상 변화를 추구하고 즐긴다.

⑩ 죽을 고비를 만나고 역경에 처하게 되면 용케도 살아나서 절처
봉생의 기회를 얻는다. 부활이 구체화되고 실현된 별인지라 조물주
는 태(胎)의 주인공만은 죽음에서 언제나 부활하는 은총과 특전을 베
푼다.

(年) 태(胎)가 연주에 있으면 어릴 때 부모에게 변화가 있었고 조상
은 발전하였다.

(月) 계획을 자주 바꾸고, 청년기에 직업 변화가 많으며 고독하다.

(日) 남녀 다같이 어릴 때 병약하여 죽을 고비를 넘기지만 중년기
부터 건강하게 되고 여자는 시어머니와의 갈등이 심하다. 특히 병자
(丙子), 기해일(己亥日)생은 남편이 하고자 하는 일에 막힘이 많고 또
는 부부가 불화하여 별거하든지 심하면 이혼하는 수도 있다.

(時) 부모에게서 물려받은 재산을 아들이 계승하기 어렵다.

▣ 양(養): 새출발의 별

• 특징

성숙한 태아로 혹시나 하고 근심 걱정하던 불안과 초조, 그리고 두려움은 말끔히 가시고 자신만만하고 생기가 넘쳐서 여유조차 만만한 상태이다.

이제 남은 것은 어머니의 자궁으로부터 분만해서 세상으로 나가는 것뿐이니 분만 직전의 양(養)은 태연자약하고 느긋한 마음으로 출생의 시각을 기다린다.

머지않아 그는 어머니로부터 분리되고 독립된 개체로써 새출발을 해야 한다.

모체는 혈육이다. 양(養)은 모체에서 떠나야 하는 분리가 결정적이고 숙명적이듯이 혈육과는 서로 갈라져서 살아야 하는 운명을 타고난다.

• 성격

① 낙천적이고 원만하며 매사에 여유가 있다.

② 누구에게나 호감을 주는 얌전하고 침착한 노신사형이다.

③ 소나기가 퍼부어도 뛰지 않고 느긋하게 걷는가 하면 어떠한 어렵고 다급한 일에도 서둘지 않고 차분하게 처신한다.

④ 상속과 양자와의 인연이 있다.

⑤ 내가 남의 양육을 받거나 사람은 물론 짐승 등을 기르고 가꾸는

운명을 타고난다.(양계, 원예 등)

⑥ 투쟁을 모르고 조용하고 착실하게 안정을 취하는 기질이다.

⑦ 앞서기를 꺼려하며 두려움과 겁이 많아 남들 앞에서 이끌고 지도할 과단성과 패기가 부족하다.

⑧ 요양소, 양로원, 양어장, 사육장 등에 인연이 있다.

▣ 장생(長生): 희망의 별

• 특징

인간이 세상에 태어나서 어머니 젖꼭지를 물고 있는 동안을 장생(長生)이라 한다.

포대기 속에서 어머니의 젖꼭지를 물고 자라나는 장생(長生)은 어머니라는 후견인이 반드시 언제나 따라 붙음으로 생명과 의식주가 안전한 동시에 일생을 통해서 가장 흐뭇하고 참된 사랑과 가호를 받는다. 자성이 영특하므로 창조, 발전, 개척정신과 같은 희망적이고 의욕적인 정력이 왕성하며 진취적 기상 또한 욱일 승천하므로 장래가 촉망되는 두령 격이며 남과도 화친을 잘하고 매사를 솔선수범 하므로 주위로부터 총애를 받는다.

• 성격

① 어머니의 몸에서 자라나는 아기처럼 순진, 순결하며 명랑한 귀

염둥이다.

② 어른을 섬길 줄 알며 공경하는 천성을 타고나며 온건하다.

③ 장수의 뿌리를 타고났고 어디를 가도 귀여움과 신임을 받고 후견인의 도움을 받는 사람이다.

④ 운동기능은 미숙하고 연약하지만 생명력은 강인하다.

(年) 연주에 장생(長生)을 갖은 사람은 윗대가 복록이 많은 집안이고 중흥을 이룩하였다.

(月) 장생이 월주에 있으면 부모·형제가 발달하여 영화로움이 있고 인덕이 있으며 윗사람을 잘 모신다.

(日) 장생이 일주에 있으면 부부가 화합하고 처덕이 있으며 비록 내가 차자라도 부모의 혜택이 있고 언행이 온화하며 여자는 자식이 현명하고 일생을 편안하게 지낸다.

단 남녀를 불문하고 무인일(戊寅日)·정유일(丁酉日)생은 복록이 적으며 특히 여자 병인일(丙寅日)·임인일(壬寅日)생은 박학 수재이나 남편 덕이 없어 신세를 한탄하게 된다.

(時) 장생이 시주에 있으면 자손이 영달하고 그의 가문을 빛내며 만년 인생은 영화롭게 살게 된다.

▣ 목욕(沐浴): 멋쟁이 별

• 특징

젖꼭지를 떠나 제 손으로 밥을 먹고 제멋대로 자라나는 상태이다.

후견인의 손을 떠나서 인생이란 넓고 큰 광야와 바다로 처음으로 한 걸음 내딛는 상태로 세상 물정에는 어둡다.

사리 분별의 능력은 없으면서 덮어놓고 사실 그대로 받아들이고 모방하려 든다.

• 성격

① 닥치는 대로 덤비고 뛰어드는 천방지축의 버릇이 있다.

② 애정문제나 직장생활 등 모든 면에 변동이 잦으며 시작은 잘하나 용두사미 격으로 완성이 어렵다.

③ 지나칠 정도로 아름다움을 선호하고 유행을 따르는 멋쟁이 기질이다.

④ 사치, 색정, 낭비 등에 빠지기 쉽고 술집, 전자도박 등과 같은 것에 인연이 많다.

⑤ 멋만 먹고사는 낭만의 젖비린내나는 풋내기 인생이라 시행착오와 다정다감한 인생이 되어 함지살, 또는 도화살이라고 한다.

⑥ 이성문제로 번민하게 되고 현실에만 도취되어 저축보다는 낭비에 바쁜 기질이 있다.

(年) 연주에 목욕이 있다면 선대에 집안은 좋았으나 주색으로 인하여 재산을 탕진하고 인수가 목욕이면 어머니가 풍류인이고 여자 사주에 정관(正官)이나 편관(偏官)이 목욕이면 기생이나 첩이 되어 바람둥이 남편에게 시집간다.

(月) 목욕이 월주에 있으면 모친이 재가하든가 또는 이복형제가 있거나 큰아들을 잃게 되는 등 가정 환경이 나쁘고 부부연이 바뀌기도 한다.

(日) 목욕이 일주에 있으면 부모의 덕이 없고 일찍 어머니를 잃거나 형제와 친척간에 원만하지 못하며, 사치 또는 색정에 조심해야 한다. 사고성은 좋다.

단 을사일(乙巳日)생은 군자의 덕으로 세인의 존경을 받지만 부자가 된다면 병신이 되기 쉽고, 갑자일(甲子日), 신해일(辛亥日)생은 고집이 세고 부부 이별하는 운명이다.

특히 여자는 일(日)과 월(月)주에 목욕(沐浴)이 있으면 남편에 대한 불만이 많고 그로 인하여 이혼하기 쉬우며 남자는 양자와 인연이 두텁다.

(時) 시주에 목욕이 있으면 자손과 이별 또는 처궁에 변화가 있어 제 2의 가정을 꾸미는 경우도 있게 된다.

▣ 관대(冠帶): 독불장군의 별

• 특징

나이가 들고 성년이 되면 장가가고 시집가는 관혼(冠婚)의 예식을 올리는데 그 성인이 되어 성혼하는 시기를 관대라고 한다.

결혼을 하면서 어른이 되면 어른 행세를 하고 어른 대접을 받고자 하지만 나이와 육신만 성인이지 정신과 머릿속은 아직 부족하며 세상 물정에도 어두워 설익은 반숙이 되는 셈이다.

인간의 연령으로 치면 청소년기의 기질로 보면 특징이 이해될 것이다.

• 성격

① 아는 척 뽐내고 우겨대며, 우쭐대고 시건방진 기질이다.

② 독립심과 자아가 강해 어떤 고통이라도 참을 수 있으며 불의를 배척한다.

③ 무엇이든 자기 본위로 독선적이며 모가 나고 적이 많다.

④ 육체적 기능만은 왕성하여 용기와 박력 패기만만하고 안하무인 격으로 버릇이 없다.

⑤ 비판을 즐기고 만용과 고집으로 타협을 모르니 고독한 독불장군이다.

⑥ 요령과 수완이 미숙하며 직선적이고 저돌적으로 강행하는지라 막힘이 많고 성사가 어렵다.

⑦ 성격이 모가 나고 고집이 지나치게 강하며 융통성이 부족하고 이기적인지라 사회생활뿐 아니라 가정의 부부 운세에도 어려움이 많다.

장생(長生)과 목욕(沐浴)과 관대(冠帶)는 모두가 부모 슬하에서 부모에게 의지하고 사는 성장기다. 비록 젖꼭지는 떠났다 하나 혼자서 자급자족 할 수 있는 능력은 없는지라 하나같이 부모에 의지해서 먹고 자라나며 결혼하고 어른이 된다.

기능상으로는 미숙한 미성년기이지만 타고난 정기는 왕성한지라 질병을 모르고 씩씩하게 자라나는 가장 건전한 건강상태를 과시한다.

기름이 풍부하면 무엇이든 할 수 있고 오래 달릴 수 있듯이 꿈과 희망과 욕심과 야심이 가장 두드러지게 넘치는 것이 바로 이들 성장기의 아기별들이다.

(年) 관대가 연주에 있으면 선대에 가문이 명문이고 유복하게 자라고 유산을 받아 일찍 출세한다. 단 늙어 재혼하는 경우가 있다.

(月) 부모 형제가 발전하고 사회적 기반이 튼튼하며 명진사해(名振四海)하는 명(命)이다. 개성이 강하고 분명하며 자기의 명예와 출세를 위해서는 수단과 방법을 가리지 않으며 고집이 세다.

(日) 일주에 관대가 있으면 용모가 단정하고 두뇌가 좋으며 의리에 밝아 조숙 성장하여 사회적 발전이 빠르지만 부부간에 좋은 인연을 만나기 어렵다.

용기는 있으나 지모가 부족하며 모사(謀事)는 서투르다.

직업과 주거의 변동이 많은 것도 특징적이며 특히 임술일(壬戌日), 계축일(癸丑日)생의 여자는 남편에 흉사함이 있을 수 있으나 나이 많은 사람과 결혼하거나 사귄 적이 있으면 무방하다.

(時) 시주에 관대가 있으면 자손이 크게 발달하고 그 덕을 받는다.

▣ 건록(建祿): 자립의 별

• 특징

육신은 성숙하고 정신은 미숙했던 반숙의 관대가 안팎으로 완성되어 완전무결한 상태로 무르익은 명실상부한 성인을 건록이라 한다.

록(祿)은 벼슬을 뜻하기 때문에 비로소 자급자족을 할 수 있으므로 부모로부터 완전 독립할 수 있어 벼슬하고 독립하는 별이라 한다.

그래서 건록은 임관(臨官)이라 하고 자수성가를 상징하는데 사람은 속이 차고 철이 들면 기분과 감정에 치우치는 목욕이나 멧돼지처럼 덤비고 뛰어드는 무모하고 경거망동하는 관대와는 달리 만사에 차분하고 냉정하며 한 치의 빈틈이 없이 주도면밀하게 생각하고 행동한다.

따라서 건록은 식물이 열매를 맺음과 같고, 사람이 성장하여 직장을 갖고 녹을 받는 것과 같으며 기질로는 부정과 불의를 용서하지 않으며 공명정대하고 공사(公社)가 분명하며 품위를 지키고 책임을 다

하는 타입이다.

• 성격

① 주도면밀하게 생각하고 행동하며 상하 질서를 엄격히 구분하는 처세를 한다.

② 무슨 일이나 깊이 파고들어 해부하고 분석하느라 좋은 기회를 놓치는 경우도 많다.

③ 명예와 체면을 중시하고 자립성가해야 한다.

④ 사람은 유능하나 스스로 운명을 개척하고 자기 세계를 건설해야 하기 때문에 여자로서는 남편 덕에 사는 것이 아니고 자립해야 하니 힘겨운 별이다.

⑤ 처세는 미숙하고 솜씨도 적다.

(年) 건록이 연주에 있으면 선대가 번창하였고 아버지가 자수성가하였다.

(月) 월주에 건록이 있으면 자존심이 강하고 고집이 세며 자립성가하게 된다. 다만 여자는 맞벌이를 하거나 사회활동에 뛰어드는 맹렬파의 여걸로서 활동이 뛰어나다.

(日) 독립심이 강하고 의리가 있으며 건실하고 머리가 좋아 자기 자신을 과신하지만 지나치게 과신한 나머지 좋은 기회를 놓치기 쉽고 남의 간섭을 배격하므로 정신적으로는 고독하다.

독립심이 강해 성공은 하지만 남녀 공히 애정관계는 원만치 못하며 초년에 고생한 사람은 중년 이후에 발복하고 초년에 유복했던 사람은 중년 이후에 고생하는 사람도 있다.

남자는 형제 중 장자의 역할을 하고, 여자 갑인일(甲寅日), 경신일(庚申日), 을묘일(乙卯日)생은 재혼 또는 독수공방하는 명이다.

(時) 귀록(歸祿)이라 하여 자손이 발복하고 말년이 좋다.

▣ 제왕(帝旺): 임금의 별

• 특징

광대한 권능을 가지는 별로써 세상사에 통달하고 능소능대하여 무르익은 인생을 제왕이라 한다.

임금은 천하를 다스려야 하니 천하의 민심을 얻고 사로잡아야 한다. 대업을 이룩하려면 만인을 받아들일 수 있는 도량과 배짱이 있어야 하고 쓰고 단 것을 함께 소화시킬 수 있는 아량과 만인을 울리고 웃길 수 있는 비범한 재간이 있어야 한다.

• 성격

① 매사에 지나칠 정도로 염려가 많다. 또한 불굴의 정신과 강인한 의지 및 강자에 대한 반항심이 있고 사회 공익과 정의로운 일에는 물불을 가리지 않고 뛰어들며 헌신한다.

② 안목이 크고 넓으며 통이 크고 배짱이 두둑하다.

③ 친절하고 겸손하지만 간섭이나 지배는 용납지 않고 만사를 자기중심으로 처리한다.

④ 구걸하거나 의지하지는 않고 아니꼽고 치사한 짓은 질색이다.

⑤ 덕이 없으면 푸대접받고 인덕이 없는 외톨이가 된다.

⑥ 여자는 남편을 부양하고 가정보다는 사회에 참여하여 활동하기 때문에 여걸형이다.

(年) 선대의 집안은 명문가이며 본인은 자비심이 많다.

(月) 제왕이 월주에 있으면 부모·형제의 운세가 약하고 청년기에 발전이 없으며 남의 형편을 도와주다 금전상의 손실을 입는다.

(日) 제왕이 일주에 있으면 허영과 사치 없이 경제적이며 차분하고 조용한 운세이다. 본래 성질이 온순하여 주체의식이 약하고 남의 유혹에 빠져 불의의 손실을 보기 때문에 남의 보증관계는 절대 금물이다. 생각이 깊어 실수하는 일이 없다고 하지만 남모르는 고생이 많다.

여성은 현모양처이나 남모르는 고생이 많고 갑진일(甲辰日), 을축일(乙丑日), 경술일(庚戌日), 신미일(辛未日)생은 부부 해로하기가 어렵다.

(時) 제왕이 시주에 있으면 자손의 건강이 나쁘며 자녀의 덕이 적고 자녀로 인한 근심과 걱정이 많으며 노년에는 고독하거나 고생이 많다.

▣ 병(病): 외로움의 별

• 특징

늘어지면 병들게 마련이다. 병실에 누워 있으면 외롭고 답답하며 다정한 벗과 문병객이 반갑고 흘러간 세월이 허무함을 느끼면서 참회하고 뉘우친다.

육신의 영토가 좁으면 정신의 영토는 넓은 법으로 쓸쓸한 병상에서 누워 있으니 고독이 뼛속까지 스민다. 병은 육신을 괴롭히는 반면에 철부지의 인생에게 참 인생을 가르쳐 주는 위대한 철학자요, 스승이기도 하다.

사람은 병이 들면서 비로소 자신과 일생을 되돌아보고 무엇이 참이요, 거짓인지를 생각하고 깨닫게 한다. 환자의 고통은 육신의 아픔보다 외로운 고독이다.

• 성격

① 조용한 것을 좋아하므로 사색과 공상에 치우쳐 외적인 활동보다 내적인 지성 개발에 힘쓴다.

② 어려운 난관에 부딪치면 당황하고 좌절하기 쉬우며 어릴 때에는 몸이 약한 것이 특징이다.

③ 함께 즐기는 것을 좋아하며 경쟁, 쟁투를 피하는 기질이다.

④ 도와주고 보살피는 데 앞장을 서고 환자와 인연이 많다.

⑤ 감정적인 음악과 이야기를 좋아하고 환상이나 노파심, 쓸데없

는 걱정 등 엉뚱한 생각을 곧잘 한다.

⑥ 변덕은 있으나 마음은 착하고 순해서 친구가 많다.

⑦ 외적인 활동보다 조용히 내실을 다지는 데 힘쓴다. 어려움에 부딪치면 좌절을 잘한다. 그러므로 연구직종, 참모기사, 철학가, 교사 등 직업에 인연이 있다.

(年) 연주에 병이 있으면 선대에 곤궁하고 어릴 때 건강이 좋지 않다.

(月) 부모 대에 가난하여 몹시 곤궁할 때 태어났고 청·장년기에도 병약하여 건강하지 못하며 또한 겉으로는 태연하지만 속으로는 근심 걱정이 많고 비판도 잘하며 결단력과 실천력이 부족하다.

(日) 다정다감하고 어릴 때 병약하며 부모와 처연이 박약하다. 양일(陽日)생은 진취성은 있으나 성질이 급하고, 음일(陰日)생은 활발하지 못하며 형제는 사이가 좋지 않거나 힘이 되기 어렵다.

여자 무신(戊申), 임인(壬寅), 병신(丙申), 계유(癸酉)일생은 다재다능하지만 고독하다.

(時) 자손의 병으로 마음 상하는 일이 많다.

▣ 사(死): 학술의 별

· 특징

지상의 모든 삼라만상이 때가 지나면 시들고 쇠퇴하여 수명이 다

하고 죽는 것과 같이 육신은 병들었으나 생산 작용이 불가능한 육체 대신 머리를 써야 살아가기 때문에 사(死)는 학술의 별이라고도 한다.

그래서 학술 · 예술 · 의술 · 역술 등 정신적인 직업을 선호하고 종교와 신앙에 귀의하는 사람이 있으며 효자 · 효부에 인연이 있다.

• 성격

① 성품이 조용하고 곧으며 무슨 일에나 순응하는 성질로 효자 · 효부가 많다.

② 순박하고 어질며 남에게 인정을 베푸는 다정한 사람으로 다양한 취미를 즐긴다.

③ 용기와 박력을 요구하는 도전적인 큰 사업에는 감당할 능력부족으로 중도 좌절하거나 실패로 끝나고 만다. 대외적인 화려한 활동보다는 내적으로 파고드는 사색적이며 신앙적이고 철학적인 지적 방면의 진출이 바람직하다.

④ 한 가지 일에 전념하며 하나하나 전진해 가는 자세가 요구된다.

(年) 연주에 사가 있으면 선대가 빈천한 집안이다.

(月) 월주에 사가 있다면 어릴 때 중병으로 고생을 하거나 부모와 헤어질 운이 있으며 성인이 된 후에는 처(妻)와 생사이별을 하거나 처가 병약하다.

(日) 사주에 따라서는 편생(偏生: 딸만 낳든지 아들만 낳는 것)을

하고 부모가 살아 있는 동안은 유산을 받기 어렵고 특히 여명이 을해일(乙亥日), 경자일(庚子日)생은 남편과 이별하거나 좋은 자식을 얻기가 어렵다.

(時) 자식과의 인연이 박하다.

▣ 묘(墓): 저장의 별

• 특징

만물을 창고에 저장하는 것과 같고 사람이 사망하면 묘에 안장함과 같으니 모든 일에 침착하고 낭비나 허례허식을 모르고 내핍생활을 한다.

묘는 인생에 있어서의 고령을 상징하기 때문에 젊어서는 기분과 감정이 풍부하고 정열에 불타 있지만 늙어서는 감정, 기분, 사랑 같은 것은 아랑곳없이 욕심과 물질에만 치우친다.

한푼이라도 아껴서 모으려 하고 금고의 열쇠를 신주 모시듯 한다.

• 성격

① 구두쇠다. 벌 줄만 알고 쓸 줄 모른다.

② 무엇이든 모아 쌓아 두는 것을 좋아한다.

③ 기분, 사랑, 감정 따위는 사치로 알고 사치, 낭비는 질색이다.

④ 부부간에도 사랑보다는 돈이 더 좋고 여자라면 알뜰한 살림꾼

이지만 아기자기한 사랑은 없다.

⑤ 뭐니뭐니해도 돈을 벌어야 하고 그래야만 직성이 풀린다.

(年) 선조의 묘를 돌보며 제사도 모신다.

(月) 부모 형제와 인연이 박하고 남으로 인하여 지출이 많지만 만약 충(沖)을 맞으면 부잣집에서 태어나 득재하고 묘를 돌보게 되며 운은 늦게 열린다.

(日) 일주에 사가 있으면 부모 형제와 인연이 약하고 고향을 초년에 떠나 빈곤한 생활을 하게 된다. 주거의 변동이 심하다.

사회를 모르는 소박한 인생으로 나름대로의 철학을 갖고, 낭비를 모르는 절약가이다. 물질보다는 정신적으로 만족을 느끼며 산다.

가난한 집에 태어난 사람은 중년부터 발복하고 부자로 태어난 사람은 중년부터 쇠퇴한다.

여자의 명이 기축(己丑), 정축(丁丑), 임진일(壬辰日)생은 남편으로 인하여 근심 걱정이 많다.

(時) 시주에 묘가 있으면 자손의 신체가 허약하고 근심 걱정이 많다.

12운성(運星) 조견표(早見表)

운성 / 日干	長生 장생	沐浴 목욕	冠帶 관대	建祿 건록	帝旺 제왕	衰 쇠	病 병	死 사	墓 묘	絕 절	胎 태	養 양
甲	亥	子	丑	寅	卯	辰	巳	午	未	申	酉	戌
乙	午	巳	辰	卯	寅	丑	子	亥	戌	酉	申	未
丙戊	寅	卯	辰	巳	午	未	申	酉	戌	亥	子	丑
丁己	酉	申	未	午	巳	辰	卯	寅	丑	子	亥	戌
庚	巳	午	未	申	酉	戌	亥	子	丑	寅	卯	辰
辛	子	亥	戌	酉	申	未	午	巳	辰	卯	寅	丑
壬	申	酉	戌	亥	子	丑	寅	卯	辰	巳	午	未
癸	卯	寅	丑	子	亥	戌	酉	申	未	午	巳	辰

구성(九星)으로 본

궁합

구성(九星)학의 기초

1. 구성학의 대요(大要)

구성학의 기원은 문왕팔괘(文王八卦)로부터 시작된다.

우주간의 삼라만상(森羅萬象)은 음양의 소장(消長), 즉 양이 다하면 음이 생하고 음이 다하면 양이 생한다는 이치로써 밤과 낮이 번갈아 선회함과 같다. 모든 사물은 金木水火土라는 오행의 분자 작용으로 생하기도 하고 극하기도 하는 제화(制化)의 활동으로 이루어지는 것이다.

삼라만상의 대 우주는 태극(太極)이요, 태극은 음양이다. 문왕의 후천팔괘도(文王後天八卦圖)는 음양을 양의(兩儀)라고 하는데, 그 양의는 태양(太陽)·소음(少陰)·소양(少陽)·태음(太陰)이라는 사상(四象)을 생성시키고 사상은 건(乾)·태(兌)·리(離)·진(震)·손

(巽) · 감(堪) · 간(艮) · 곤(坤)의 팔괘를 생성시킨다.

건(乾)을 양(陽)이라 하여 한 가정으로 치면 부(父)가 되고 곤(坤)
은 모(母)이다. 이 건과 곤은 한 가족을 생산하는데 그것이 진 · 감 ·
간 · 손 · 리 · 태이다. 이것을 방위(方位)로 나타낸 것이 문왕팔괘 방
위도이다.

문왕팔괘 방위도

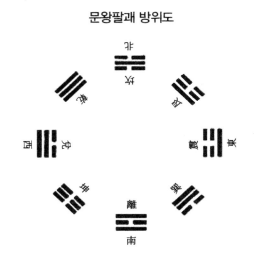

간지(干支)

고서에 의하면 간지는 황제(皇帝)께서 대배씨(大撓氏)에게 명하여
만들어졌다고 한다. 그것이 10간(十干)으로 甲 · 乙 · 丙 · 丁 · 戊 ·
己 · 庚 · 辛 · 壬 · 癸가 되었고, 12지(十二支)는 子 · 丑 · 寅 · 卯 ·
辰 · 巳 · 午 · 未 · 申 · 酉 · 戌 · 亥가 되었다. 이것을 합하여 천간지
지(天干地支)라고 한다.

10간과 12지는 천(天)·지(地)를 비유하여 만들어졌는데 본래 10간은 지하의 오방(五方)을 가리키고 12지는 십이진(별)을 가리킨다. 이것은 하도(河圖)와 낙서(洛書)에 기술되어 있다.

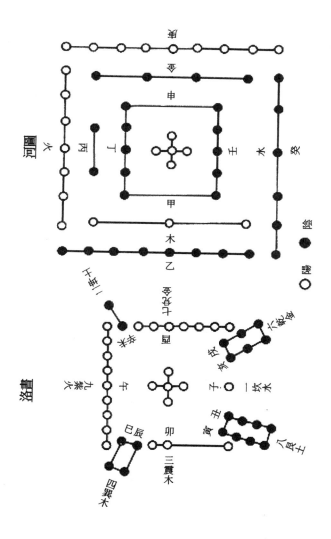

구성(九星)

구성학은 위에서 설명한 하도(河圖)와 낙서(洛書)에 근거하여 만들어진 것으로써 군성(群星)의 군왕(君王)인 북두칠성(北斗七星)을 받드는 데서 이루어진 방위(方位), 즉 성좌(星座)로부터 이루어졌다. 구성은 일백수(一白水), 이흑곤(二黑坤), 삼벽진(三碧震), 사록손(四綠巽), 오황토(五黃土), 육백건(六白乾), 칠적태(七赤兌), 팔백간(八白艮), 구자난(九紫離)을 지층 하는 것으로써 사주·궁합·택일·복술 등에 널리 통용된다.

구성의 생극(生剋)

구성을 오행, 즉 오기(五氣)로 나누고 이 오기는 서로 생하기도 하고 극하기도 한다. 이 생극을 취사(取捨)하여 방위(方位)의 생극으로 사람의 운명, 궁합 등을 알 수 있다. 상생(相生)은 생기(生氣), 퇴기(退氣)가 있으며, 상극(相剋)에는 살기(殺氣)와 사기(死氣)가 있다.

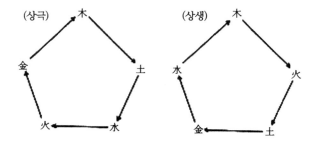

위 상생 상극도에서 생기라 함은 水가 木을 생하여 주니 木의 견지에서 보면 水는 생기가 되어 대길(大吉)이 된다. 水의 견지에서 보면 木을 도와주기 때문에 즉 기(氣)를 빼앗기나 퇴기(退氣)인 것이다.

상극에서는 水극 火라면 火는 水에게 지는 것이기 때문에 水는 火에 대하여 살기이고 火에 견지에서 보면 火는 水에게 지게 되니 사기(死氣)가 되는 것이다.

생극 외에 비화(比和)는 木과 木, 土와 土, 金과 金, 火와 火, 水와 水의 다섯 개 조가 서로 대등한 입장에 있음을 말한다.

구성의 생극으로 남녀 상호간의 운명의 길흉이나 궁합 등을 볼 수 있으며 중궁성(中宮星)과 본명성(本命星)과의 관계가 상생관계인가, 또는 상극관계인가에 따라서 길흉이 달라지는 것이다.

본명성(本命星)

간지의 구성은 음력을 기준으로 한다. 본명성이란, 생년의 구성을 말하는 것으로써 평생 지니게 되는 구성을 뜻하며 신년(新年)이라고 하면 양력(陽曆) 1월 1일부터를 말하는 것이 아니고 입춘(立春)부터를 말하고 입춘 전에 출생한 사람은 전년생이 된다. 따라서 입춘 후 출생인은 신년생인이 된다. 동양에서는 입춘부터 신년이고 서양은 춘분부터 신년이다.

구성 생극 대조표

길흉＼본명성		일백수성	이흑토성	삼벽목성	사록목성	오황토성	육백금성	칠적금성	팔백토성	구자화성
상생관계	상생 (대길)	육백금성 칠적금성	구자화성	일백수성	일백수성	구자화성	이흑토성 오황토성 팔백토성	이흑토성 오황토성 팔백토성	구자화성	삼벽목성 사록목성
	퇴기 (중길)	삼벽목성 사록목성	육백금성 칠적금성	구자화성	구자화성	육백금성 칠적금성	일백수성	일백수성	육백금성 칠적금성	이흑토성 오황토성 팔백토성
비화 (소길)		일백수성	이흑토성 오황토성 팔백토성	삼벽목성 사록목성	삼벽목성 사록목성	이흑토성 오황토성 팔백토성	육백금성 칠적금성	육백금성 칠적금성	이흑토성 오황토성 팔백토성	구자화성
상극관계	사기 (흉)	구자화성	일백수성	이흑토성 오황토성 팔백토성	이흑토성 오황토성 팔백토성	일백수성	삼벽목성 사록목성	삼벽목성 사록목성	일백수성	육백금성 칠적금성
	살기 (대흉)	이흑토성 오황토성 팔백토성	삼벽목성 사록목성	육백금성 칠적금성	육백금성 칠적금성	삼벽목성 사록목성	구자화성	구자화성	삼벽목성 사록목성	일백수성

■ 궁합을 보는 방법

궁합을 보는 본인과 상대방(배필이 될 사람)의 본명성을 연대표(부록참조)에서 찾는다.

(예) 연대표에서 1970년생이라면 구성은 삼벽(三碧)에 해당된다.

구성 생극표에 의거, 궁합을 보는 두 사람의 생극을 대조 확인한다. 예를 들면 1965년생일 때 본명성은 팔백이고 상대방은 1964년생으로 구자성일 때 생극표에 대조하니 상생으로 대길에 해당되니 좋은 궁합이다. 이때 팔백성이 본명성인 본인은 칠적(七赤), 육백(六白), 팔백(八白), 이흑(二黑)이 상대방이라면 좋다고 본다.

즉 생기, 퇴기, 비화라면 교양의 정도, 서로의 사랑, 개성의 조화 등으로 능히 어려움을 극복할 수 있다고 본다.

2. 구성으로 본 사람의 성격

일백수성(一白水星)

일반적으로 성격은 침착하고 이지적이며 깊은 사고력을 가지면서도 활동력이 왕성하며 임기응변의 재능이 있고 격정적이면서도 태만한 성질이 있다. 친구를 사귀는 데도 선별적이고 속마음을 함부로 털

어놓지 않기 때문에 친구가 많지 않다. 색정이고 선정적이어서 실패수가 많고 직업이나 주거지를 자주 옮기는 운수가 있다.

직업은 예술가, 교육자, 자영업을 한다면 목재상, 식료품상 등이 좋다.

이흑토성(二黑土星)

사람이 중후하게 보이며 동작도 민첩하지 못하다. 내실이 없는 호언장담을 잘한다. 결국은 신임을 잃어 사업에 실패하는 수가 많다. 자기에게 이익이 되는 일에는 수단 방법을 가리지 않는 무모함도 보인다. 면밀하고 집착심이 상당히 강하여 시작한 일이나 착수한 일은 도중에 중단하지 않는다. 불로 취득을 좋아하며 큰 성공을 바라기는 어려우나 타인의 힘을 빌려 그 의사에 따라 행동함이 좋다.

직업으로는 농업, 의사, 회사원, 금속을 취급하는 직업이 좋다.

삼벽목성(三碧木星)

삼벽의 사람은 지상의 만물이 발육의 발동을 하는 격으로써 시비를 가리지 않고 자기의 주장을 관철시키려 하는 성질이 있으며 용기는 있으나 좀 경솔하고 경망스럽다.

착수는 쉽게 하나 끝을 맺지 못하는 성격의 소유자도 있다. 또 이 성명인은 어느 때 어느 곳에서나 좀 진득하고 지속성이 없고 만사에 간섭하는 성격으로 딴 사람으로부터 소원해지기 쉽다. 직업으로는 농업, 문인, 은행원, 법률가, 약제사 등이 좋다.

사록목성(四綠木星)

비단옷을 입고 밤길을 가는 격으로 인내심도 있고 인정미가 있으나 활동적인 성격은 아니다. 매사에 꾸준히 밀고 가는 노력형이나 외강내유하고 우유부단하여 결단심이 좀 약하다.

일단 생각한 일은 억지로 하려고 하며 조심성이 있어 꽁무니를 빼기도 한다. 진실을 밝히는 것보다 숨어서 처리하려는 성격으로 타인의 오해를 사기도 한다.

직업으로는 교육자, 원예가, 중개업자, 신문기자, 연예인 등이 좋다.

오황토성(五黃土星)

내면적으로는 대단히 강건한 성격이나 일을 처리함에 있어서는 온순하고 동화력이나 아량이 넓어서 아랫사람으로부터 존경의 대상이 되기도 한다. 그러므로 이 성명인은 뭇사람의 두령이 되는 사람이 많다. 위인, 영웅호걸이 많으며 교양 높은 인품과 사소한 일에 관대한 자애심이 있다. 반면 소양이 좋지 않은 사람은 표면적으로 보이는 유화(柔和)보다 강정, 편굴하거나 교만하고 억지를 부리는 성질도 있다.

또 대담하고 완강하게 보이나 의외로 소심하여 스스로 간섭하지 않고는 직성이 풀리지 않는 소심가이기도 하다.

직업으로는 철공, 변호사, 외교관, 종교가, 법관, 교육자, 문학자, 기계기술자 등이 좋다.

육백금성(六白金星)

육백금성은 방위상으로 볼 때 서북간에 위치하며 역리(易理)상 건(乾)에 해당된다. 따라서 고매(高邁)한 기품을 지녔기 때문에 타인과의 교재에 있어 필요 없이 오해를 받기 쉽다. 이 성명인은 성품이 정직하기 때문에 교제술 같은 것은 없는 편이고, 총명하고 앞을 내다보는 안목이 있다. 언어에 정감이 없고 손윗사람에게 항거하는 기질이 있다. 자제심이 강하기 때문에 색정으로 패가하는 일은 없으나 노고가 많은 형이다.

직업으로는 교육자, 문필가, 종교가, 사회사업가 등이 좋다.

칠적금성(七赤金星)

이 사람은 성격이 도검(刀劍)과 같아서 독단적이고 불요불굴의 성격을 지녔으며 숙살지기(肅殺之氣)를 가져 과단성이 있다. 언어(言語), 희열(喜悅) 등의 뜻이 있어 말이 많아 타인으로 하여금 혐오감을 주기도 한다. 말로써 주로 사람을 다루는데 위엄(威嚴)과 위압(威壓)하는 말을 사용하면서도 자기 스스로 나서는 실행력은 없다. 또한 밖으로 보기에는 유순하고 온화하나 내심은 고만(高慢)하고 의혹심(疑惑心)이 깊어 부부간에 불화와 질투(嫉妬)가 끊이지 않는다.

직업으로는 철공업, 법률가, 군인, 의사, 의류상, 농업 등이 길하다.

팔백토성(八白土星)

이흑토(二黑土)나 오황토(五黃土)보다는 토기(土氣)가 약한 사람이다. 이 성명인의 사람은 성질이 대단히 침착하나 의혹심도 많아서 결단력(決斷力)이 부족하여 독립적으로 사업을 실행하기 힘들다. 또한 정직하고 인내심이 강하여 그 열성은 대단하다. 사물에 대한 이해는 빠르나 권태를 느끼는 것도 빨라서 초지관철(初志貫徹)의 끈기가 아쉽다. 노력하는 마음이 강하여 적소성대(積小成大)해서 재운을 잡는다.

직업은 부동산매매업, 의류, 기구, 보석상 등이 길하다.

구자화성(九紫火星)

이 명성은 한여름의 열기가 심하여 지상에 불타는 기상이나 그 지하는 차가운 것이다. 때문에 밖으로 보기에는 화려하지만 그 내부는 어두워서 물건이 소멸해 버리면 아무것도 없게 됨과 같다.

성품은 불꽃과 같아서 자기 멋대로 행동하며 이변(移變)의 성질이 농후하다. 또한 사치가 지나쳐서 주변의 환경이나 소유물을 미화하기 좋아한다. 어떤 때는 소란할 정도로 떠들기도 하나 식어지면 우울증에 빠져버린다. 앞뒤를 계량해서 행동하지 않고, 착수도 쉽게 하나 곧 지쳐버린다. 경거망동(輕擧妄動)을 조심할 필요가 있다. 자기 수양에 힘쓰는 사람도 있어 많은 사람의 인망을 얻어서 뭇사람의 두령(頭領)이 되는 사람도 있다. 남자인 경우 여난(女難)을 당하기 쉬워 고독하게 만년을 보내거나 불화가 끊이지 않는다.

직업으로는 농업, 직물업, 변호사, 문예가, 소설가, 연예인 등이 적합하다.

좋은 신랑, 좋은 신부

(사주 명리학으로 본 궁합)

좋은 신랑, 좋은 신부

　세상을 행복하게 살아가기 위해 분투 노력하고 투쟁도 하고 선택 등의 행동을 하고 있음은 인간뿐만이 아니라 지구상에 사는 모든 생명체가 가지는 본능적인 활동이다.

　그래서 인간도 성장하여 때가 되면 짝을 찾는 중대한 선택의 시기가 온다.

　한자의 「人」자가 나타내는 뜻과 같이 두 개의 삐침 「丿」획이 하나가 되어 사람 인(人) 자가 되듯 두 인간이 하나가 될 때 비로소 온전한 사람이다.

　그러나 이 선택이 얼마나 중요하고 어려운 것인가? 그래서 예로부터 인륜지대사(人倫之大事)니, 백년가약(百年佳約)이라고 말해 왔다.

　그러면 훌륭한 선택이란 어떤 것일까?

　두말할 것 없이 남녀가 뜻이 맞고 육체적으로 건강하며 항상 애정이 샘솟게 하는 상대로, 공동의 이상을 향하여 상부상조의 노력으로 유복한 가정을 이루고 훌륭한 자식을 잘 양육하여 백년을 해로하는 것일 것이다.

이런 것을 일반적으로 좋은 궁합이라 한다.

원래 궁합의 궁(宮) 자는 집 궁 자이다. 궁(宮)은 집이란 뜻이니 칼집도 집이요, 피스톤과 실린더의 관계도 집이다. 이것을 역학적으로는 양(陽)과 음(陰)으로 표시한다. 이 양과 음의 조화가 형질상 잘 이루어졌을 때 합혼(合婚)이라 한다.

그 외에 인간은 영(靈)적이요, 정(情)적이요, 지(智)적인 동물이기에 형체상의 문제뿐만 아니라 이상(理想)과 감정과 교양, 종교 등의 문제에도 서로 적합하게 결합되어야만 비로소 만족을 느낀다. 그러나 반대로 이것이 균형을 잃고 조화가 깨질 때 그 당사자는 물론이요, 한 가정에 미치는 악영향은 치명적이다.

뿐만 아니라 사회적으로도 얼마나 많은 사회악을 낳고 있는가?

예를 들면 어느 곳에서나 사회가 산업화로 분화되면서 범죄는 늘어만 가고 흉포화해지고 있다. 놀랍게도 그 범죄의 대부분이 결손가정 출신이라는 것이다.

아버지가 없는 가정, 어머니가 없는 가정, 부부의 불화로 싸움이 잦은 가정, 어느 한쪽의 부정(不貞) 등 그 유형은 얼마든지 있다.

이러한 불행과 마찰은 곧 사회악을 낳는 원초적인 동기이다.

그러면 부부간의 불화의 원인은 무엇일까? 학자들은 성격상의 부조화, 환경의 부적응(고부간의 다툼), 가정간의 불균형, 성(Sex)의 불만족 등의 원인을 들며 각각 다른 비중을 보이고 있다.

이러한 난 문제를 가장 이상적이고 건전하며 정확하게 파악하고 이에 대처하는 처방으로 연구되어 온 것이 사주 명리학상의 궁합법이다.

1. 좋은 신랑의 명식

□ 일간(日刊)이 양간(陽干)일 것

사회생활을 주로 하게 되는 남자에게는 음간보다는 양간을 지닌 사람이 더 활동적이고 능동적이다. 이것이 절대적인 것이 아니고 음간이라 해도 기타 조건의 조화에 따라 더 좋을 수도 있다. 따라서 이것은 어디까지나 일반적인 간법(看法)이다.

□ 체(體)가 중강(中强) 이상일 것

사주의 명식을 체와 용(用)으로 구분하고 체는 일간을 중심으로 강약을 따져 최강, 중강, 소강, 소약, 중약, 최약 등으로 분류하는 학자의 견해가 있다.

□ 체와 용이 균형이 맞을 것

체나 용이나 어느 한쪽이 태과나 불급을 원치 않는다. 따라서 균형이 맞아야 개운 발전하게 된다.

□ 오행이 고루 갖추어져 있을 것

사주 명식을 오행으로 분석했을 때 어느 한쪽으로 치우치는 것보다 木火土金水가 고루 갖추어진 상태를 말한다.

이것이 고루 갖추어진 사람은 운로(運路), 건강 등을 고루 갖게 된다.

□ 재(財)와 관(官)이 있어야 할 것

재에는 정재나 편재 중 하나만 있는 것이 좋고, 관에는 편관, 정관이 있는데 이 중 한 가지만 있는 것이 좋다.

이런 것이 혼잡이 되면 명예를 얻거나 매사에 장애가 많다.

재는 육친법에서 부인이고 관은 자식이니 이것이 없다면 부인이나 자식이 없는 것이 된다.

□ 비견(比肩) 겁재(劫財) 양인(羊刃)이 많지 않을 것

이런 것이 명식에 과다하면 상처하게 된다.

□ 식신(食神) 상관(傷官)이 너무 많지 않을 것

이것이 너무 많으면 명예나 자식이 온전할 수가 없다.

2. 좋은 신부의 명식

□ 일간이 음간(陰干)일 것

세상이 진보하여 여성 상위 시대로 옮아가고 있는 것이 지금의 추세이다. 그러나 여성 본연의 자세는 자식을 낳아 양육하고 가정을 꾸미는 것이니 여기서는 그런 원칙을 말한다.

□ 관이 있으면서 태과하지 않을 것

관은 여명에서 볼 때 남편에 해당되기 때문에 정관 1위가 있으면 재(財)가 있어서 왕하게 되거나 그렇지 않으면 정관이 2위 정도 있어서 스스로 왕한 것이 좋다. 만약 정관 1위에 뿌리가 되는 재도 없는데 설상가상으로 관을 극하는 식신, 상관이나 기운을 빼 가는 인성(印星)이 있으면 남편의 역량이 약해지고 출세 길을 막는 것이 된다.

거기에다 관살 혼잡하면 조행상 문제가 있으니 나쁘다. 그러나 거(去)하는 것이 있으면 괜찮다.

여명에 일간도 강하고, 관살 혼잡하며 목욕(沐浴), 함지(咸池) 등이 있으면 창녀에 인연이 있으니 가정 부인이 되긴 어렵다.

□ 식신, 상관이 적당히 있을 것

여자 명식상 식신, 상관은 자식에 해당한다. 그러니 이것이 없다면 자식 문제에 어려움이 있다. 어느 것이나 1이나 2위가 있고 왕한 것이 좋다. 너무 약하면 자식 양육이 힘들고, 너무 강하면 남편성인 관성을 식신, 상관이 극하므로 상부할 운명이 된다. 남자나 여자 다 같이 너무 강하면 색정에 빠진다.

□ 비견, 겁재, 양인이 태과하지 않을 것

이것이 태과하면 남녀를 불문하고 쓸데없이 자기만을 내세우는 고집쟁이가 된다. 여자는 특히 가정은 뒷전이고 시부모나 시집 식구 사이에 불화를 초래한다.

□ 인성(印星)이 태과하지 않을 것

여명에 인성이 강하면 자식성인 식신, 상관을 극하고 남편성의 힘을 빼내는 흉(凶) 작용을 하므로 남편 복이나 자식 복을 조해하는 흉명이 된다. 그로 인해 노후가 고독해진다.

□ 합(合)이 적당할 것

지지(地支)에 합이 하나 정도 있고 천간(天干)에도 하나 정도 합이 있어야 좋다.

합이 있음으로써 여자는 사교성이 있음을 의미한다. 사교성은 여자의 유연성을 나타냄으로 자녀 교육이나 남편을 돕는 면에서 대단히 좋다.

이상은 남자, 여자의 좋은 명식만을 소개하였으나 자기 자신의 명식에 서로 배합되는 명식이 아니라면 좋다고 할 수 없다. 그렇기 때문에 자기의 명식을 분석하고 거기에 맞추면서 서로 도움이 되는 상대를 찾도록 노력하는 것이 중요하다.

3. 좋은 합혼법

□ 남녀의 사주팔자를 합한 16자를 오행표로 작성하였을 때

오행이 고루 갖추어져 있을 것(周流五行)

아래에 예시하고 있는 바와 같이 어느 한 편의 오행표가 불균형으로 이루어져 한쪽으로 치우쳐 있다 하여도 두 사람의 오행을 예와 같이 종합했을 때 고루 균점되어 있다면 좋은 궁합이라 할 수 있다.

그러나 이것만으로 전체 궁합을 판단하는 것은 성급한 판단이다. 왜냐하면 이외의 변수도 많이 있기 때문이다. 어느 한쪽이 조행상 문제가 있다거나 기타 다른 조항에 문제가 있으면 꼭 좋다고만 볼 수 없다.

〈예1〉

구분	남	여	합계
木	3	1	4
火	1	2	3
土	0	3	3
金	3	0	3
水	1	2	3

〈예2〉

구분	남	여	합계
木	4	3	7
火	1	1	2
土	1	2	3
金	0	0	0
水	2	2	4

〈예1〉은 남녀를 각각 나누어보면 균형을 이루지 못하고 있으나 합

계에서 보여 주는 것과 같이 합쳐보면 멋진 오행 구성이 되어 있다.

〈예2〉는 남녀 별개로 봐도 문제고, 서로 합쳐놓고 봐도 균점이 되어 있지 않으니 좋은 구성이 아니다.

□ 일주가 남녀 상호 천지덕합이 되는 경우
천간도 합이 되고 지지도 합이 되는 것을 천지덕합이라 한다. 예를 들면 남명의 일주가 갑오(甲午)이고, 여명의 일주는 기미(己未)라면 갑기(甲己)는 간합이 되고 오미(午未)는 지합이 된다.

일주를 감명할 때 일간은 자기 자신으로 보고, 일지는 배우자로 본다.

이것도 천지덕합이라 해서 다 좋다고만 할 수는 없다. 오행의 구성 자체가 자식복이나 재복이 없다.

□ 일간이 서로 간합할 때
예컨대, 남명의 일간은 병(丙)이고 여명의 일간은 신(辛)이면 병신(丙辛)합이 된다. 천지덕합에 비하면 좀 떨어지는 편이나 좋은 것임에는 틀림없다.

이 경우도 일지끼리 형(刑)·해(害)가 된다든가 기타의 변수가 나쁘게 작용한다면 좋다고만 할 수는 없다.

□ 일지가 지합이 될 때
예컨대, 남명의 일지가 자(子)이고, 여명의 일지가 축(丑)이면 자축

(子丑)합이 되어 좋은 명이다.

　□ 월지 · 일지 · 시지를 대조하여 삼합이 될 때
　삼합이란, 亥卯未 …… 木局
　　　　　　寅午戌 …… 火局
　　　　　　巳酉丑 …… 金局
　　　　　　申子辰 …… 水局의 네 가지를 말한다.
이 명도 다른 곳에 저해요소가 없다면 좋은 궁합이다.

　□ 명궁(命宮)이 같을 때
　명궁이 같거나 반합(半合)이거나 지합이 되는 경우는 딴 곳에 결함
이 있어도 이혼을 하는 경우는 없다.

　□ 명궁이 반합되는 경우
　반합이란, 해묘(亥卯), 묘미(卯未), 인오(寅午), 오술(午戌), 사유(巳
酉), 유축(酉丑), 신자(申子), 자진(子辰)을 말하며 제왕성을 포함하되
한쪽이 합이 되지 않은 것을 말한다.

　□ 명궁이 지합되는 경우
　예컨대, 남자의 명궁이 묘(卯)이고, 여자의 명궁이 술(戌)이면 묘술
(卯戌) 지합이 된다.

□ 남녀간 공망(空亡)이 서로 같은 경우

예컨대, 남명의 공망이 자축(子丑)이고, 여명의 공망도 자축(子丑)이 되는 경우이다.

이상 신랑과 신부로서의 좋은 조건과 합혼의 좋은 명식을 소개하였다. 기술한 바와 같이 어느 명식이나 길흉을 이루는 중화(中和)가 생명이니 길(吉)이 길이 안 될 수 있고 흉(凶)이 흉이 아닐 수 있다는 원리를 참작하여 판단해야 한다.

4. 남자가 바라는 여자의 명식

○ 일간이 강하거나 약함을 막론하고 넘치거나 모자라지 않는 중화 (中和)가 중요하고 여명이 신왕하거나 태과하면 남편의 권위를 뺏긴다.

○ 여명에 일간이 너무 약해도 내조의 공이 없고 가정주부로서 부족함이 많고 자녀교육 등에 지장이 있다.

○ 여자의 입장에서 관성(官星)은 남편에 해당되기 때문에 정관(正官)이나 편관(偏官)이 하나만 있음이 좋고 월지가 아닌 곳에 있으면 재성(財星)의 도움이 필요하다. 재성이 없으면 남편이 발복하지 못한다.

○ 관살이 많은 여명은 금물이다.

○ 행운이 관살을 태왕하게 하면 삼각관계나 재혼하게 된다.

○관성 하나에 재성이 도와주면 길하게 되고, 상관(傷官)이 관성을 극하지 않아야 하고 상관이 있으면 재성이 있어야 한다.

○여명에 식신(食神)·상관을 자식으로 보는데 비견(比肩)·겁재(劫財)가 하나 있어서 생해 주어야 좋고, 식신이나 상관이 많으면 재성이 있어야 좋다.

○여명에 비견·겁재·양인이 많으면 가정불화가 되기 쉽고 시부모를 섬기지 못하며 파산한다.

○상관은 정관을 극하나 재성을 도와주기 때문에 재성이 쇠약할 때는 상관과 식신이 있어야 한다. 그러면 효자 자식을 두고 재물이 풍부하다.

○일간이 약할 때는 비견이나 겁재·양인이 있어야 좋다. 비견·겁재는 식신·상관을 생하고 나를 생부(生扶)하기에 좋고 자녀 출산에 좋다.

○남명 양일생은 여명 음일생이 좋다.

○여명 중에 편인·인수·편관·정관이 너무 많으면 부모를 극하고 자식을 극하여 노후에는 고독하여지고 남편의 권리까지 빼앗는다.

○지지에 삼합·지합이 있으면 가정이 원만하고 일생 파란 없이 산다.

○도화살(桃花殺), 함지(咸池)가 없어야 한다.

5. 여자가 바라는 남자의 명식

○여명이 음성이면 양성의 남자가 좋고, 여명이 양성이면 음성의
　남자가 좋다.
○남명은 인격이 있고 개운 발복할 수 있고 가정적인 애정이 많은
　사람이다.
○신왕한 남자.
○비견·겁재·양인이 성하면 처를 극하고 가정문제에 결함이 생
　긴다.
○재성이 약한데 비견·겁재·양인 등이 많으면 처와 생사별의 고
　통이 있고 다른 인연을 맺을 운이 있다.
○남명에 정재나 편재가 같이 있고, 또 재성이 많은 남자는 여자와
　인연이 많고 가정을 돌보지 않는다. 동시에 처에 대한 애정이 부
　족하다.
○재성 1, 2위가 통근하고 식신·상관이 재성을 도우며 신강하고,
　형·충·파·해가 없으면 입신·개운하고 부부가 원만하다.
○관성은 자식이다. 신왕하고, 관성이 통근하고 재성이 관성을 생
　해 주면 반드시 현명하고 효자 자식을 얻고 조상이나 가문을 빛
　나게 한다.
○명중에 상관·식신이 많고, 인수·편인 없으면 상속자를 두기
　힘들고 반드시 남의 자식을 양육하게 된다. 자녀가 있어도 극히
　적을 것이고 병으로 기르기가 힘들다.

구성 연대표

서력	간지	구성	절기	입절일	서력	간지	구성	절기	입절일
1901	辛丑	九紫火星	입춘	전년 12월 17일	1919	己未	九紫火星	입춘	1월 5일
1902	壬寅	八白土星	〃	전년 12월 27일	1920	庚申	八白土星	〃	전년 12월 16일
1903	癸卯	七赤金星	〃	1월 8일	1921	辛酉	七赤金星	〃	전년 12월 27일
1904	甲辰	六白金星	〃	전년 12월 20일	1922	壬戌	六白金星	〃	1월 8일
1905	乙巳	五黃土星	〃	1월 1일	1923	癸亥	五黃土星	〃	전년 12월 20일
1906	丙午	四綠木星	〃	1월 12일	1924	甲子	四綠木星	〃	1월 1일
1907	丁未	三壁木星	〃	전년 12월 23일	1925	乙丑	三壁木星	〃	1월 12일
1908	戊申	二黑土星	〃	1월 4일	1926	丙寅	二黑土星	〃	전년 12월 22일
1909	己酉	一白水星	〃	1월 14일	1927	丁卯	一白水星	〃	1월 4일
1910	庚戌	九紫火星	〃	전년 12월 26일	1928	戊辰	九紫火星	〃	1월 14일
1911	辛亥	八白土星	〃	1월 7일	1929	己巳	八白土星	〃	전년 12월 25일
1912	壬子	七赤金星	〃	전년 12월 18일	1930	庚午	七赤金星	〃	1월 6일
1913	癸丑	六白金星	〃	전년 12월 29일	1931	辛未	六白金星	〃	전년 12월 18일
1914	甲寅	五黃土星	〃	1월 11일	1932	壬申	五黃土星	〃	전년 12월 29일
1915	乙卯	四綠木星	〃	전년 12월 22일	1933	癸酉	四綠木星	〃	1월 10일
1916	丙辰	三壁木星	〃	1월 2일	1934	甲戌	三壁木星	〃	전년 12월 21일
1917	丁巳	二黑土星	〃	1월 13일	1935	乙亥	二黑土星	〃	1월 2일
1918	戊午	一白水星	〃	전년 12월 23일	1936	丙子	一白水星	〃	1월 13일

서력	간지	구성	절기	입절일	서력	간지	구성	절기	입절일
1937	丁丑	九紫火星	입춘	전년 12월 23일	1955	乙未	九紫火星	입춘	1월 12일
1938	戊寅	八白土星	〃	1월 5일	1956	丙申	八白土星	〃	전년 12월 24일
1939	乙卯	七赤金星	〃	전년 12월 17일	1957	丁酉	七赤金星	〃	1월 5일
1940	庚辰	六白金星	〃	전년 12월 28일	1958	戊戌	六白金星	〃	전년 12월 16일
1941	辛巳	五黃土星	〃	1월 9일	1959	己亥	五黃土星	〃	전년 12월 27일
1942	壬午	四綠木星	〃	전년 12월 19일	1960	庚子	四綠木星	〃	1월 9일
1943	癸未	三壁木星	〃	1월 1일	1961	辛丑	三壁木星	〃	전년 12월 19일
1944	甲申	二黑土星	〃	1월 12일	1962	壬寅	二黑土星	〃	전년 12월 30일
1945	乙酉	一白水星	〃	전년 12월 22일	1963	癸卯	一白水星	〃	1월 11일
1946	丙戌	九紫火星	〃	1월 3일	1964	甲辰	九紫火星	〃	전년 12월 22일
1947	丁亥	八白土星	〃	1월 15일	1965	乙巳	八白土星	〃	1월 3일
1948	戊子	七赤金星	〃	전년 12월 26일	1966	丙午	七赤金星	〃	1월 15일
1949	己丑	六白金星	〃	1월 7일	1967	丁未	六白金星	〃	전년 12월 25일
1950	庚寅	五黃土星	〃	전년 12월 18일	1968	戊申	五黃土星	〃	1월 7일
1951	辛卯	四祿木星	〃	전년 12월 28일	1969	己酉	四祿木星	〃	전년 12월 18일
1952	壬辰	三壁木星	〃	1월 10일	1970	庚戌	三壁木星	〃	전년 12월 28일
1953	癸巳	二黑土星	〃	전년 12월 21일	1971	辛亥	二黑土星	〃	1월 9일
1954	甲午	一白水星	〃	1월 2일	1972	壬子	一白水星	〃	전년 12월 21일

서력	간지	구성	절기	입절일
1973	癸丑	九紫火星	입춘	1월 2일
1974	甲寅	八白土星	〃	1월 13일
1975	乙卯	七赤金星	〃	전년 12월 24일
1976	丙辰	六白金星	〃	1월 6일
1977	丁巳	五黃土星	〃	전년 12월 17일
1978	戊午	四綠木星	〃	전년 12월 27일
1979	己未	三碧木星	〃	1월 8일
1980	庚申	二黑土星	〃	전년 12월 19일
1981	辛酉	一白水星	〃	전년 12월 30일
1982	壬戌	九紫火星	〃	1월 11일
1983	癸亥	八白土星	〃	전년 12월 22일
1984	甲子	七赤金星	〃	1월 4일
1985	乙丑	六白金星	〃	전년 12월 15일
1986	丙寅	五黃土星	〃	전년 12월 26일
1987	丁卯	四祿木星	〃	1월 7일
1988	戊辰	三碧木星	〃	전년 12월 17일
1989	己巳	二黑土星	〃	전년 12월 28일
1990	庚午	一白水星	〃	1월 9일
1991	辛未	九紫火星	〃	전년 12월 22일

서력	간지	구성	절기	입절일
1992	壬申	八白土星	입춘	1월 1일
1993	癸酉	七赤金星	〃	1월 13일
1994	甲戌	六白金星	〃	전년 12월 24일
1995	乙亥	五黃土星	〃	1월 5일
1996	丙子	四綠木星	〃	전년 12월 16일
1997	丁丑	三碧木星	〃	전년 12월 27일
1998	戊寅	二黑土星	〃	1월 8일
1999	乙卯	一白水星	〃	전년 12월 19일
2000	庚辰	九紫火星	〃	전년 12월 29일
2001	辛巳	八白土星	〃	1월 12일
2002	壬午	七赤金星	〃	전년 12월 23일
2003	癸未	六白金星	〃	1월 4일
2004	甲申	五黃土星	〃	1월 14일
2005	乙酉	四祿木星	〃	전년 12월 26일
2006	丙戌	三碧木星	〃	1월 6일
2007	丁亥	二黑土星	〃	전년 12월 17일
2008	戊子	一白水星	〃	전년 12월 28일
2009	己丑	九紫火星	〃	1월 10일
2010	庚寅	八白土星	〃	전년 12월 21일

서력	간지	구성	절기	입절일	서력	간지	구성	절기	입절일
2011	辛卯	七赤金星	입춘	1월 2일	2030	庚戌	六白金星	입춘	1월 2일
2012	壬辰	六白金星	〃	1월 13일	2031	辛亥	五黃土星	〃	1월 13일
2013	癸巳	五黃土星	〃	전년 12월 24일	2032	壬子	四綠木星	〃	전년 12월 23일
2014	甲午	四綠木星	〃	1월 5일	2033	癸丑	三碧木星	〃	1월 4일
2015	乙未	三碧木星	〃	전년 12월 16일	2034	甲寅	二黑土星	〃	전년 12월 16일
2016	丙申	二黑土星	〃	전년 12월 26일	2035	乙卯	一白水星	〃	전년 12월 26일
2017	丁酉	一白水星	〃	1월 8일	2036	丙辰	九紫火星	〃	1월 8일
2018	戊戌	九紫火星	〃	전년 12월 19일	2037	丁巳	八白土星	〃	전년 12월 19일
2019	己亥	八白土星	〃	전년 12월 30일	2038	戊午	七赤金星	〃	1월 1일
2020	庚子	七赤金星	〃	1월 11일	2039	己未	六白金星	〃	1월 12일
2021	辛丑	六白金星	〃	전년 12월 22일	2040	庚申	五黃土星	〃	전년 12월 22일
2022	壬寅	五黃土星	〃	1월 4일	2041	辛酉	四綠木星	〃	1월 3일
2023	癸卯	四綠木星	〃	1월 14일	2042	壬戌	三碧木星	〃	1월 14일
2024	甲辰	三碧木星	〃	전년 12월 25일	2043	癸亥	二黑土星	〃	전년 12월 25일
2025	乙巳	二黑土星	〃	1월 6일	2044	甲子	一白水星	〃	1월 6일
2026	丙午	一白水星	〃	전년 12월 17일	2045	乙丑	九紫火星	〃	전년 12월 17일
2027	丁未	九紫火星	〃	전년 12월 28일	2046	丙寅	八白土星	〃	전년 12월 29일
2028	戊申	八白土星	〃	1월 9일	2047	丁卯	七赤金星	〃	1월 10일
2029	己酉	七赤金星	〃	전년 12월 20일	2048	戊辰	六白金星	〃	전년 12월 21일

남녀 궁합 보는 법

부록(p271)

1. 육 갑 법(六甲法)

육갑법이란 천간(天干)은 무엇이고 지지(地支)는 무엇이며 육십갑자는 무엇을 말하고, 또는 천간과 지지는 서로 만나면 어떤 작용(作用)을 하는가 등에 대한 술학(術學)의 기본적 상식이다.

① 천간(天干)과 지지(地支)

천간은 그냥 간(干)이라고도 하고 지지(地支)를 그냥 지(支)라고도 하며 천간과 지지를 합칭간지(干支)라 한다. 그리고 천간은 열개로 되어 있다하여 십간(十干)이라고도 하고, 지지는 열두개가 있다해서 십이지(十二支)라고도 한다.

천간의 명칭과 순서는 아래와 같다.

天干＝甲 · 乙 · 丙 · 丁 · 戊 · 己 · 庚 · 辛 · 壬 · 癸
천 간 갑 을 병 정 무 기 경 신 임 계

십이지의 명칭과 순서는 아래와 같다.

地支＝子 · 丑 · 寅 · 卯 · 辰 · 巳 · 午 · 未 · 申 · 酉 · 戌 · 亥
지 지 자 축 인 묘 진 사 오 미 신 유 술 해

② 간지(干支)의 음양(陰陽)

천간과 지지는 각각 음양이 있는데 아래와 같다.
천간의 甲 丙 戊 庚 壬은 양에 속하고 乙 丁 己 辛 癸는 음에 속한다.
지지의 子 寅 辰 午 申 戌은 양에 속하고 丑 卯 巳 未 酉 亥는 음에 속한다.
이를 다음과 같이 표로 작성해 본다.

天干 천간	甲 양	乙 음	丙 양	丁 음	戊 양	己 음	庚 양	辛 음	壬 양	癸 음		
地支 지지	子 양	丑 음	寅 양	卯 음	辰 양	巳 음	午 양	未 음	申 양	酉 음	戌 양	亥 음

③ 간지(干支)의 작용(作用)

천간(千干)은 서로 충(沖)하는 것과 합(合)하는 관계가 있고, 지지(地支)는 합하고 충하고 형(刑)하고 파(破)하고 해(害)하고 싫어하는 (怨嗔)것이 있으니 다음과 같다.

○ 간　　합(干合)

천간끼리 서로 합이 되는 것인데 천간합(天干合)또는 그냥 간합(干合)이라 한다. 다음과 같다.

甲己合　乙庚合　丙辛合　丁壬合　戊癸合
갑기합　　을경합　　병신합　　정임합　　무계합

甲이 己를 만나거나 己가 甲을 만나면 서로 합(合)을 이룬다. 乙庚 丙辛 丁壬 戊癸의 합도 마찬가지다.

○ 간　　충(干沖)

충(沖)이란 서로 충돌한다는 뜻이다. 이를 천간중(天干沖)또는 그냥 간충(干沖)이라고도 하는데 아래와 같다.

甲庚沖　乙辛沖　丙壬沖　丁癸沖　戊己沖
갑경충　　을신충　　병임충　　정계충　　무기충

가령 甲이 庚을 만나거나 庚이 甲을 만나면 서로 충돌하는 성질이 있다. 乙辛沖 丙壬沖 丁癸沖 戊己沖도 甲庚沖과 같은 예다.

○ 지　　합(支合)

지합(支合)이란 지지(地支)끼리 서로 합(合)을 이루는 것인바 지합에는 삼합(三合)과 육합(六合)이 있다. 아래와 같다.

三合＝申子辰合　巳酉丑合　寅午戌合　亥卯未合

가령 申子辰이 三合인데 申이 子를 만나거나 辰을 만나도 합이오 子가 申이나 辰을 만나거나 辰이 子나 申을 만나도 합이니 申子辰 혹은 申辰, 子辰, 申子 이렇게 만나도 합이라 한다. 그외 巳酉丑 巳酉 酉丑 巳丑도 합이오 寅午戌 寅午, 午戌 寅戌이 만나도 합이며, 亥卯未 亥未 亥卯 卯未, 이렇게 만나도 합이다. 원칙적으로 三合되는 지(支)끼리 셋이 모두 만나면 三合이오 둘씩 만나면 반합(半合)또는 반회(半會)라 한다.

六合＝子丑合　寅亥合　卯戌合　辰酉合　巳申合　午未合

　가령 子가 丑을 만나거나 丑이 子를 만나면 지합(支合)또는 육합(六合)이라 한다. 寅亥合 卯戌合, 辰酉合, 巳申合, 午未合도 마찬가지다.

　○ 지　　충(支沖)

　지충(支沖)이란 지지끼리 서로 만나면 충돌하는 관계를 말하는데 이를 육충(六沖)또는 지지상충(地支相沖)이라고도 한다.

子午沖　丑未沖　寅申沖　卯戌沖　辰戌沖　巳亥沖

　子와 午가 상충(相沖)이오 丑과 未가 상충이오 寅과 申이 상충이오, 卯와 酉가 상충이오, 辰과 戌이 상충이오, 巳와 亥가 상충이다.

　○ 지　　형(支刑)

　지형(支刑)이란 지지끼리 서로 형(刑)한다는 뜻으로 충(沖)과 마찬가지의 작용을 한다. 그리고 이 지형을 삼형(三刑)이라고도 한다.

寅巳申三刑　丑戌未三刑　（子卯相刑　辰午酉自刑）
　삼형　　　　　　　　　　　　　상형　　　자형

　寅巳申三刑이란 寅은 巳를 형하고, 巳는 申을 형하고, 申은 寅을 형한다 함이오, 丑戌未三刑이란 丑은 戌을 형하고 戌은 未를 刑하고 未는 丑을 형한다 함이요, 子卯상형(相刑) 이란 子와 卯가 서로 형한다 함이오, 辰午酉亥자형(自刑)이란 辰은 辰을 午는 午를 酉는 酉를 亥는 亥를 같은 지(支)끼리 만나면 형한다는 뜻이다.

　○ 지　　파(支破)

　지파(支破)를 육파(六破)라고도 하는데 파(破)란 서로 파괴한다는 뜻이다.

子酉破　丑辰破　寅亥破　巳申破　卯午破　戌未破
　파　　　파　　　파　　　파　　　파　　　파

　子는 酉를 파괴하고 酉는 子를 파괴하니 子酉가 만나면 서로 파괴한다는 뜻이다. 이하 丑-辰 寅-亥 巳-申 卯-午 戌-未의 파도 마찬가지다.

　○ 지　　해(支害)

　지해(支害)는 육해(六害)라고도 하는데 서로 해치는 관계를 말한다.

子未害	丑午害	寅巳害	卯辰害	申亥害	酉戌害
해	해	해	해	해	해

가령 子未가 해(害)이니 子는 未를 해하고 未는 子를 해하므로 子未가 만나면 서로 해진다는 뜻으로 이하 丑午 寅巳 卯辰 申亥 酉戌의 해도 마찬가지다.

○ 원   진(怨嗔)

원진이란 서로 미워하는 관계를 말한다.

子—未 丑—午 寅—酉 卯—申 辰—亥 巳—戌

子는 쥐, 丑은 소, 寅은 범, 卯는 토끼, 辰은 용, 巳는 뱀, 午는 말, 未는 양(羊), 申은 원숭이(잔나비), 酉는 닭, 戌은 개, 亥는 돼지라 한다. 즉 쥐(子)는 양(未)의 뿔을 싫어하고, 소(丑)는 말(午)이 갈지않고 노는 것을 미워하고, 범(寅)은 닭(酉)의 부리가 짧은 것을 미워하고, 토끼(卯)는 원숭이(申)의 허리가 굽은 것을 원망하고, 용(辰)은 돼지(亥)의 얼굴이 검은 것을 미워하고, 뱀(巳)은 개(戌)짓는 소리를 싫어한다.

（鼠忌羊頭角　牛憎馬不耕,　虎憎鷄嘴短,　兎怨猴不平　龍嫌猪面黑　蛇驚犬吠聲）

④ 육십갑자(六十甲子)

육십갑자(六十甲子)의 기본은 십간(十干)과 십이지(十二支)다. 이 십간 십이지가 순서대로 서로 사귀어 배합(配合)하면 아래와 같은 육십개의 간지(干支)로 구성되므로 육십갑자라 한다.

甲子	乙丑	丙寅	丁卯	戊辰	己巳	庚午	辛未	壬申	癸酉
甲戌	乙亥	丙子	丁丑	戊寅	己卯	庚辰	辛巳	壬午	癸未
甲申	乙酉	丙戌	丁亥	戊子	己丑	庚寅	辛卯	壬辰	癸巳
甲午	乙未	丙申	丁酉	戊戌	己亥	庚子	辛丑	壬寅	癸卯
甲辰	乙巳	丙午	丁未	戊申	己酉	庚戌	辛亥	壬子	癸丑
甲寅	乙卯	丙辰	丁巳	戊午	己未	庚申	辛酉	壬戌	癸亥

⑤ 월 건 법(月建法)

월건법(月建法)이란 육갑법(六甲法)으로 일년 십이월은 각각 무엇에 해당하는가를 알아보는 법으로 다음과 같다.

正月 寅, 二月 卯, 三月 辰, 四月 巳, 五月 午, 六月 未, 七月 申, 八月 酉, 九月 戌, 十月 亥, 十一月 子, 十二月 丑

어느 해를 막론하고 正月은 寅月이오 二月은 卯月, 三月은 辰月, 四月은 巳月, 五月은 午月, 六月은 未月, 七月은 申月, 八月은 酉月, 九月은 戌月, 十月은 亥月, 十一月은 子月, 十二月은 丑月이라 한다.

그런데 가령 正月은 寅月인데 위에 천간(天干)을 붙여 丙寅月 戊寅月 庚寅月 壬寅月 甲寅月 등으로 六十甲子가 月마다 속해 있는 것이니 이를 쉽게 따지는 요령은 아래와 같다.

甲己年–丙寅頭, 乙庚年–戊寅頭, 丙辛年–庚寅頭,
丁壬年–壬寅頭, 戊癸年–甲寅頭

이를 아래아 같이 일람표로 작성해 본다.

月別\生月	正 (寅)	二 (卯)	三 (辰)	四 (巳)	五 (午)	六 (未)	七 (申)	八 (酉)	九 (戌)	十 (亥)	十一 (子)	十二 (丑)
甲 己 年	丙寅	丁卯	戊辰	己巳	庚午	辛未	壬申	癸酉	甲戌	乙亥	丙子	丁丑
乙 庚 年	戊寅	己卯	庚辰	辛巳	壬午	癸未	甲申	乙酉	丙戌	丁亥	戊子	己丑
丙 申 年	庚寅	辛卯	壬辰	癸巳	甲午	乙未	丙申	丁酉	戊戌	己亥	庚子	辛丑
丁 壬 年	壬寅	癸卯	甲辰	乙巳	丙午	丁未	戊申	己酉	庚戌	辛亥	壬子	癸丑
戊 癸 年	甲寅	乙卯	丙辰	丁巳	戊午	己未	庚申	辛酉	壬戌	癸亥	甲子	乙丑

가령 甲年 즉 甲子 甲戌 甲申 甲午 甲辰 甲寅 등 태세(太歲)의 천간(天干)이 甲으로 되었거나 己巳 己卯 己丑 己亥 己酉 己未 등 태세의 천가이 己로 된 해는 반드시 正月을 丙寅부터 시작하여 二月은 丁卯, 三月은 戊辰, 四月은 己巳, 五月은 庚午, 六月은 辛未, 七月은 壬申, 八月은 癸酉, 九月은 甲戌, 十月은 乙亥, 十二月은 丙子, 十二月은 丁丑이 된다는 뜻이다.

위 일람표의 예로 가령 戊辰年 八月이면 辛酉月이오, 庚午年 五月이면 壬午月이니 모두 이와 같은 예로 일람표를 참고하느 것이다.

⑥ 시 간 법(時間法)

하루는 二十四時요, 六甲法으로 따지면 두 시간에 一支時씩 십이지시(十二支時)가 된다. 따지는 요령은 오후 十一時 零分부터 子時가 시작되어 두시간에 一支時씩 丑寅卯 辰巳午未申酉戌亥로 十二支 순서를 따져 나간다.

子時 : 오후 11시 ~ 명일 0시말   午時 : 오전 11시 ~ 오후1시말

丑時 : 오전 1시 ~ 2시말   未時 : 오후 1시 ~ 2시말

寅時 : 오전 3시 ~ 4시말   申時 : 오후 3시 ~ 4시말

卯時 : 오전 5시 ~ 6시말   酉時 : 오후 5시 ~ 6시말

辰時 : 오전 7시 ~ 8시말   戌時 : 오후 7시 ~ 8시말

巳時 : 오전 9시 ~ 10시말   亥時 : 오후 9시 ~ 10시말

時 \ 干	子時 (0시)	丑 ˙	寅 ˙	卯 ˙	辰 ˙	巳 ˙	午 ˙	未 ˙	申 ˙	酉 ˙	戌 ˙	亥 ˙	(子) (밤) 11시
甲己日	甲子	乙丑	丙寅	丁卯	戊辰	己巳	庚午	辛未	壬申	癸酉	甲戌	乙亥	(丙子)
乙庚日	丙子	丁丑	戊寅	己卯	庚辰	辛巳	壬午	癸未	甲申	乙酉	丙戌	丁亥	(戊子)
丙辛日	戊子	己丑	庚寅	辛卯	壬辰	癸巳	甲午	乙未	丙申	丁酉	戊戌	己亥	(庚子)
丁壬日	庚子	辛丑	壬寅	癸卯	甲辰	乙巳	丙午	丁未	戊申	己酉	庚戌	辛亥	(壬子)
戊癸日	壬子	癸丑	甲寅	乙卯	丙辰	丁巳	戊午	己未	庚申	辛酉	壬戌	癸亥	(甲子)

가령 甲午日 卯時라면 丁卯時요, 己丑日 午時라면 庚午時다. 또 乙未日 寅時면 戊寅時요 壬子日 巳時면 乙巳時가 된다.

⑦ 간 지(干支)의 수(數)

천간과 지지는 또 각각 그에 속한 수(數)가 있는데 선천수(先天數)와 후천수(後天數)와 중천수(中天數)가 있다.

○ 선천수(先天數)

甲己子午九, 乙庚丑八, 丙辛寅申七, 丁壬卯酉六 戊癸辰戌五 巳亥屬之四

○ 후천수(後天數)

壬子一, 丁巳二, 甲寅三, 辛酉四 戊辰戌五, 癸亥六 丙午七 乙卯八 庚辛九 己百(혹은 十)丑未十

○ 중천수(中天數)

甲己辰戌丑未十一, 乙庚申酉十, 丙辛亥子九, 丁壬寅卯八, 戊癸巳午七

※ 토정비결작괘법(土亭祕訣作卦法)

이상의 선후천수(先後天數)및 중천수(中天數)로 다음과 같이 토정비결의 괘(卦)를 짓는다.

상괘(上卦)＝당년 태세를 중천수에 의해 간지(干支)수를 합한 숫자에다 주인공의 당년 연령수를 합한다음 八로 제(除)하여 나머지수로 상괘(上卦)를 정한다. (나머지가 없이 0으로 떨어지면 그냥 八을 된다.)

중괘(中卦)＝주인공의 생월(生月)로 당년 출생월에 해당하는 월건(月建)으로 선천수의 간지수를 합하고, 그 달이 크면 30, 작으면 29를 또 합해서 六으로 제(除)하여 나머지 수로 중괘를 정한다.(나머지자 없이 0이면 六을 취용한다.)

하괘(下卦)＝주인공의 생일로 당년 생일의 일진을 취용하는바 日干은 선천수를, 日支는 중천수를 취하여 干支합한 다음 또 생일 날수를 총합해서 三으로 제하고 남는 수로 하괘를 정한다(나머지가 없으면 다시 三으로 한다)

2. 음   양(陰陽)

천지만물 가운데 음양(陰陽)으로 분류되지 않은 것은 하나도 없다. 음양이란 상대성원리(相對性原理)와 거의 부합되는 것으로 높고 낮고, 크고 작고, 길고 짧고, 넓고 좁고, 두텁고 얇고, 밝고 어둡고, 따뜻하고, 차고, 뾰족하고 오목하고, 희고 검고 한 거등이 모두 상대적이며 따라서 음양으로 구분된다.

즉 하늘은 양이오. 땅은 음이니. 높은 것은 양이오. 낮은 것은 음이다. 밝은 것은 양이오. 어두운 것은 음이니 해는 양이오 달은 음이며, 낮은 양이오 밤은 음이다. 수컷은 양이오 암컷은 음이니 남자는 양이고 여자는 음이다. 더운 것은 양이고 추운 것은 음이니 불은 양이오 물은 음이며, 봄, 여름은 양에 속하고 가을 겨울은 음에 속한다. 굳센 것은 양이오 약한 것은 음이며, 또 강한 것은 양이고 부드러운 것은 음이다. 급한 것은 양이고 느린 것은 음이며, 긴 것은 양이고 짧은 것은 음이다.

천간(天干)의 甲丙戊庚壬은 양이오. 乙丁己辛癸는 음이며, 자지(地支)의 子寅辰午申戌은 양이오. 丑卯巳未酉亥는 음이다.

숫자로는 一三五七九의 홀수(寄數)는 모두 양에 속하고 二四六八十의 짝수(偶數)는 모두 음에 속한다.

3. 오 행(五行)

① 오행의 명칭

木 火 土 金 水

② 오행(五行)의 생극(生剋)

木火土金水 오행은 서로 만나면 반드시 생극비화(生剋比和)관계가 이루어진다. 즉 상생(相生)관계나 상극(相剋)관계 아니면 서로 비화(比和)된다.

  상생(相生)＝木生火 火生土 土生金 金生水 水生木

목은 火를 생하고, 火는 土를 생하고, 土는 金을 생하고, 金은 水를 생하고, 水는 木을 생한다. 그러므로 木火가 상생관계요, 火土가 상생관계요, 土金이 상생관계요, 金水가 상생관계요, 水木이 상생관계다.

  상극(相剋)＝木剋土 土剋水 水剋火 火剋金 金剋木

木은 土를 극하고, 土는 水를 극하고, 水는 火를 극하고 火는 金을 극하고 金은 木을 극한다. 그러므로 金木이 상국관계요. 木土가 상극관계요. 土水가 상극관계요. 水火가 상극관계요, 火金이 상극관계다.

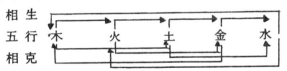

③ 오 행 소 속

○ 간지오행(干支五行)

  甲乙寅卯木 丙丁巳午火 戊己辰戌丑未土 庚辛申酉金 壬癸亥子水

  천간 甲乙과 지지 寅卯는 木이오, 천간 丙丁과 지지 巳午는 火요, 천간 戊己와 지지 辰戌丑未는 土요, 천간 庚辛과 지지 申酉는 金이오, 천간 壬癸와 지지 亥子는 水다.

    ○ 수(數)의 오행

  一六水 二七火 三八木 四九金 五十土

  一과 六은 水요, 二와 七은 火요 三과 八은 木이요 四와 九는 金이오, 五와 十은 土다.

○ 오행방위(五行方位)

東方木　南方火　中央土　西方金　北方水 또는

甲乙東方木　丙丁南方火　戊己中央土　庚辛西方金　壬癸北方水

○ 오행색(五行色)

青色木　赤色火　黃色土　白色金　黑色水
청색목　　적색화　　황색토　　백색금　　흑색수

이를 다음과 같이 총칭하여 외운다.

甲乙東方青色木　丙丁南方赤色火　戊己中央黃色土　庚辛西方白色金　壬癸 北方黑色水

가령 甲과 乙은 동방에 속하고, 甲乙木의 빛은 청색이다. 丙과 丁은 남방이 오. 丙丁火의 빛은 적색이다. 戊와 己는 중앙이오 戊己土의 빛은 황색이다. 庚과 辛은 서방이오, 庚辛金의 빛은 백색이다. 壬과 癸는 북방이요. 壬癸水의 빛은 흑색이다.

○ 간합오행(干合五行)

천간이 합을 만나면 다음과 같은 오행이 작용된다.

甲己合土　乙庚合金　丙辛合水　丁壬合木　戊癸合火

甲己가 합하면 土로 화하고, 乙庚이 合하면 金으로 화하고, 丙辛이 合하면 水로 화하고, 丁壬이 합하면 木으로 화하고, 戊癸가 합하면 火로 화한다.

○ 삼합오행(三合五行)

申子辰合水　巳酉丑合金　寅午戌合火　亥卯未合木

申子辰 또는 申辰 子辰 申子가 합하여 水로 화하고, 巳酉丑 또는 巳酉 酉 丑 巳丑이 합하면 金으로 화하고, 寅午戌, 또는 寅午 寅戌 午戌이 합하면 火 로 합하고, 亥卯未, 또는 亥未 卯未 亥卯가 합하면 木으로 화한다.

○ 육합오행(六合五行)

子丑合土　寅亥合木 辰酉合金 巳申合水 午未合(단 五行不變)

子丑이 합하면 土로 화하고, 寅亥가 합하면 木으로 화하고, 卯戌이 합하면 火요 辰酉가 합하면 金으로 화하고, 巳申이 합하면 水로 화하고 단 午未가 합하면 오행은 변치 않고 午는 火 未는 土 그대로이다.

4. 이십사절(二十四節)

① 절기(節氣)의 명칭

일년 가운데 다음과 같은 이십사절(二十四節)이 있다.

입춘(立春), 우수(雨水), 경칩(驚蟄), 춘분(春分), 청명(淸明), 곡우(穀雨), 입하(立夏), 소만(小滿), 망종(芒種), 하지(夏至), 소서(小暑), 대서(大暑), 입추(立秋), 처서(處暑), 백로(白露), 추분(秋分), 한로(寒露), 상강(霜降), 입동(立冬), 소설(小雪), 대설(大雪), 동지(冬至), 소한(小寒), 대한(大寒)

① 이십사절 소속

입춘(立春)=正月節이 날은 구세(舊歲)에서 신년(新年)으로 바뀌는 기준이다. 그러므로 가령 十二月에 입춘이 들었더라도 입춘일 입춘시간부터는 다음해(新年) 태세(太歲)로 바뀌는 것이며 따라서 월건도 十二月이 아닌 다음해 正月의 월건으로 작용(作用)한다.

또는 입춘이 아무리 신년 正月中에 들었다, 할지라도 입춘일 입춘시간이 되기 전 까지는 전년도 태세로 작용하며 따라서 월건도 전년 十二月의 월건으로 작용해야 한다.

우수(雨水)=正月의 중기(中氣),

경칩(驚蟄)=二月節,이날(시간 포함)부터 비로소 二月의 월건을 적용한다. 그러므로 正月中에 있어도 경칩부터는 二月의 월건을 쓰고 二月中이라도 경칩 전이면 正月의 월건을 적용한다.

춘분(春分)=二月의 중기(中氣),

청명(淸明)=三月節, 청명이 드는 일시부터 三月의 월건을 적용한다. 그러므로 청명이 二月중에 있어도 청명부터는 三月의 월건을 쓰고, 三月에 들어도 청명 전이면 二月의 월건을 쓴다.

곡우(穀雨)=四月의 중기(中氣),

입하(立夏)=五月節, 입하가 三月에 있어도 입하가 드는 일시부터는 四月의 월건을 쓰고, 입하가 四月에 들어도 입하가 되기 전이면 三月의 월건을 쓴다.

소만(小滿)=四月의 중기(中氣),

망종(芒種)＝五月節, 망종이 四月中에 있어도 망종이 드는 日時부터는 五月의 월건을 쓰고, 五月中에 들어도 망종 전이면 四月의 월건을 쓴다.

하지(夏至)＝五月의 중기(中氣),

소서(小暑)＝六月節, 소서가 五月中에 있어도 소서가 드는 日時부터는 六月의 월건을 쓰고, 六月中에 들어도 아직 소서 전이면 五月의 월건을 쓴다.

대서(大暑)＝六月의 중기(中氣),

입추(立秋)＝七月節, 입추가 六月中에 있어도 입추가 드는 日時부터는 七月의 월건을 쓰고, 七月中에 들어도 아직 입추 전이면 六月의 월건을 쓴다.

처서(處暑)＝七月의 중기(中氣),

백로(白露)＝八月節, 백로가 七月中에 들어도 백로 드는 日時부터는 八月의 월건을 쓰고, 八月中에 들어도 아직 소서 전이면 七月의 월건을 쓴다.

추분(秋分)＝八月의 중기(中氣),

한로(寒露)＝九月節, 한로가 八月中에 있어도 한로가 드는 日時부터는 九月의 월건을 쓰고, 九月中에 들어도 아직 한로 전이면 八月의 월건을 쓴다.

상강(霜降)＝九月의 중기(中氣),

입동(立冬)＝十月節, 입동이 九月中에 있어도 입동이 드는 日時부터는 十月의 월건을 쓰고, 十月中에 들어도 아직 입동 전이면 九月의 월건을 쓴다.

소설(小雪)＝十月의 중기(中氣),

대설(大雪)＝十一月節, 대설이 十月中에 있어도 대설이 드는 日時부터는 十一月의 월건을 쓰고, 十一月에 들어도 대설 전이면 十月의 월건을 쓴다.

동지(冬至)＝十一月의 중기(中氣),

소한(小寒)＝十二月節, 소한이 十一月中에 들었어도 소한일 소한시간 이후부터는 十二月의 월건을 쓰고, 소한이 十二月에 들었어도 아직 소한 일시 전이면 十二月의 월건을 쓴다.

대한(大寒)＝十二月의 중기(中氣),

［참고］절기(節氣)란 월건(月建)이 바뀌는 기준점이고 중기(中氣)란 월건이 시작되는 처음에서 끝의 중간점이다.

正月＝입춘(正月節)·우수(正月中氣)
二月＝경칩(二月節)·춘분(二月中氣)

三月＝청명(三月節)·곡우(三月中氣)

四月＝입하(四月節)·소만(四月中氣)

五月＝망종(五月節)·하지(五月中氣)

六月＝소서(六月節)·대서(六月中氣)

七月＝입추(七月節)·처서(七月中氣)

八月＝백로(八月節)·추분(八月中氣)

九月＝한로(九月節)·상강(九月中氣)

十月＝입동(十日節)·소설(十月中氣)

十一月＝대설(十一月節)·동지(十一月節)

十二月＝소한(十二月節)·대한(十二月中氣)

입　춘(立春) { 前이면 十二月의 月建
              後부터 경칩 전까지 正月의 月建

경　칩(驚蟄) { 前이면 正月의 月建
              後부터 청명 전까지 二月의 月建

청　명(清明) { 前이면 二月의 月建
              後부터 입하 전까지 三月의 月建

입　하(立夏) { 前이면 三月의 月建
              後부터 망종 전까지 四月의 月建

망　종(芒種) { 前이면 四月의 月建
              後부터 소서 전까지 五月의 月建

소　서(小暑) { 前이면 五月의 月建
              後부터 입추 전까지 六月의 月建

입　추(立秋) { 前이면 六月의 月建
              後부터 백로 전까지 七月의 月建

백　로(白露) { 前이면 七月의 月建
              後부터 한로 전까지 八月의 月建

한　로(寒露) { 前이면 八月의 月建
              後부터 입동 전까지 九月의 月建

입　동(立冬) { 前이면 九月의 月建
              後부터 대설 전까지 十月의 月建

대　설(大雪) { 前이면 十一月의 月建
              後부터 소한 전까지 十一月의 月建

소　한(小寒) $\begin{cases} \text{前이면 十二月의 月建} \\ \text{後부터 입춘 전까지 十二月의 月建} \end{cases}$

이상은 生年月日時에 의한 四柱 구성 뿐 아니라 모든 신살(神殺)에도 이 원칙을 적용해야 한다. 왜냐하면 술학(術學)은 거의가 오행의 생극비화(生 剋比和)에 의한 성쇠(盛衰)로 논하는 것이므로 음력 初一日을 기준하여 月 建이 바뀌면 四時 기온의 도수(度數)에 맞지 않고, 절기(節氣)를 기준해야 한란조습(寒暖燥濕)의 도수에 맞기 때문이다. 그러므로 四柱를 구성할때 입 춘(立春)에 태세(太歲)가 바뀐다는 것과 매월 월건은 그 달의 절일(節日)을 기준하여 바뀐다는 점을 이해하면 틀림이 없다.

5, 四柱 정하는 법

萬歲曆을 활용하는 목적은 두가지가 있다. 陽曆과 陰曆관계, 즉 陽曆日字 로 陰曆을 알아보고 陰曆日字로 陽曆을 알아보며, 陽曆·陰曆日字에 따르는 曜日, 그리고 그날 그날의 日辰이 무엇인가 하는 것이며, 또는 24節氣가 陽曆· 陰曆으로 몇일에 들고, 節氣時間은 언제인가 하는 것, 또는 어느 달이 크고 작은가 등을 알아보려는데 있다. 둘째는 命學을 推理하려면 주인공의 生年月 日時가 기본인데 무조건 生年月日時로 보는게 아니라 반드시 그 生年月日時 에 의한 年月日時柱를 干支로 정해야 하므로 萬歲曆을 참고하지 않고서는 절대 불가능하다. 첫번째 목적은 누구나 本 萬歲曆을 펼쳐(해당되는 年度를 찾아)보면 알수가 있으나 年月日時의 干支(四柱)를 정하는데는 좀 복잡하다. 그래서 아래에 四柱정하는 요령을 상세히 설명한다.

① 年柱 정하는 법

年柱란 그 해의 太歲요, 生年月日時로 따진다면 出生한 年度의 干支다. 흔 히 甲子生이니 乙丑生이니 하여 生을 干支로 말하는 예가 있는바 甲子生이 면 甲子가 年柱이고, 乙丑生이면 乙丑이 年柱다. 이 干支를 모를 경우에는 그 해의 西紀나 檀紀年度를 찾으면 왼편 윗편에 甲子 乙丑 등 六十甲子에 해당 되는 干支가 쓰여 있다. 年柱는 그대로 쓰면되는데 다만 음력 12월生이나 正 月生은 立春이 언제 든는가를 살펴보아야 한다. 四柱 정하는 법칙은 날짜로 正月 初一日에 新年으로 바뀌는게 아니라 반드시 立春日時가 되어야 해가 바뀌도록 되었다. 그래서 비록 이미 해가 바뀐 이후의 出生人이라도 入春前

이면 前年太歲를 써야 하고, 아직 해가 바뀌지 않은 12月生이라도 立春이 지났으면 다음해 太歲로 年柱를 정해야 한다. 예를 들어 서기 1960년은 太歲가 庚子인데 음력 正月 初9日 午前 4時 24分 이루부터라야 庚子年 太歲가 되고, 그 이전은 前年太歲인 己亥年이므로 이 경우의 年柱는 庚子가 아니라 전년 (1959) 태세인 己亥로 年柱를 정하는게 원칙임. (따라서 月建도 前年 12月의 月建인 丁丑月이 되는 것이다) 또한 한 예로 庚子年 음 12月 24日生은 날짜 상으로는 아직 해가 바뀌지 않았으나 立春이 이미 12月 19일 午前 10時 23分 에 들었으므로 예는 立春이 지난 뒤라 新年 太歲인 辛丑으로 年柱를 정해야 한다.(따라서 月建도 다음해 正月 丙寅으로 한다) 立春日과 生日이 같으면 立春이 드는 時, 分까지 따져 前인가, 뒤인가로 年柱(太歲)을 定해야 한다.

② 月柱 定하는 법.

生月의 月建(그 달의 干支)을 月柱라 한다. 月柱는 出生한 年度를 찾아 生日欄을 보면 月마다 月의 干支가 기록되어 그대로 쓰면 되지만 이 月柱도 무조건 날짜에 해당되는 月의 干支를 쓰는게 아니라 반드시 節氣日時를 기준 해야 한다. 즉 生日 날짜를 不問하고, 節氣 前이면 前月의 月建, 節氣뒤면 다음달의 月建을 써야 한다. 먼저 그달 그달에 해당하는 節氣가 무엇인지 알아본 다음에 예로서 설명한다.

立春 : 正月節, 立春日時 뒤라야 正月의 月建, 前이면 前年 十二月의 月建.
驚蟄 : 二月節, 驚蟄日時 뒤라야 二月의 月建, 前이면 正月의 月建.
清明 : 三月節, 清明日時 뒤라야 三月의 月建, 前이면 二月의 月建.
立夏 : 四月節, 立夏日時 뒤라야 四月의 月建, 前이면 三月의 月建.
芒種 : 五月節, 芒種日時 뒤라야 五月의 月建, 前이면 四月의 月建.
小暑 : 六月節, 小暑日時 뒤라야 六月의 月建, 前이면 五月의 月建.
立秋 : 七月節, 立秋日時 뒤라야 七月의 月建, 前이면 六月의 月建.
白露 : 八月節, 白露日時 뒤라야 八月의 月建, 前이면 七月의 月建.
寒露 : 九月節, 寒露日時 뒤라야 九月의 月建, 前이면 八月의 月建.
立冬 : 十月節, 立冬日時 뒤라야 十月의 月建, 前이면 九月의 月建.
大雪 : 十一月節, 大雪日時 뒤라야 十一月의 月建, 前이면 十月의 月建.
小寒 : 十二月節, 小寒日時 뒤라야 十二月의 月建, 前이면 十一月의 月建.

가령 1960年 6월 12일生이라면 6월 月建 癸未를 쓰는게 아니라 5월의 月建 壬午로 쓴다. 왜냐 합면 6월이 되려면 小暑가 生日 뒤인 6월 14일 11시 13분에 들었으므로 이날 이시간 뒤라야 6월의 月建을 쓰게 되는 까닭이다. 또 당년(1960) 9월 23일생이면 날짜상으로는 아직 9월중에 있으나 10월 節氣인 立冬이 이미 9월 19일 오후 7시 3분에 들어 이날 이시간부터는 10월의 월건인 丁亥로 써야 한다.

[참고] ① 年柱와 12월 正月의 月建은 立春日時를 보아 立春이 正月中에 있어도 立春日時 前이면 前年太歲로 年柱, 前年 12월 月建으로 月柱를 삼고, 立春이 12월中에 있어도 立春日時 뒤면 다음해 太歲로 年柱, 다음해 正月의 月建으로 月柱를 삼아야 한다.

② 正月과 12월生이 아닌 경우는 모두 그 달에 소속된 節氣드는 日時를 위주하여 節氣日時 前이면 前節氣에 속한 月建을 쓰고, 節氣日時 뒤면 날짜상 前月이라도 다음달 月建(節氣에 해당하는)을 써야 한다.

아래 표를 참조하면 月建 정하기가 편리할 것이다.

月＼年	甲己年	乙庚年	丙辛年	丁壬年	戊癸年	해당 節氣
正月建	丙 寅	戊 寅	庚 寅	壬 寅	甲 寅	立 春
二月建	丁 卯	己 卯	辛 卯	癸 卯	乙 卯	驚 蟄
三月建	戊 辰	庚 辰	壬 辰	甲 辰	丙 辰	清 明
四月建	己 巳	辛 巳	癸 巳	乙 巳	丁 巳	立 夏
五月建	庚 午	壬 午	甲 午	丙 午	戊 午	芒 種
六月建	辛 未	癸 未	乙 未	丁 未	乙 未	小 暑
七月建	壬 申	甲 申甲	丙 甲	戊 甲	庚 申	立 秋
八月建	癸 酉	乙 酉	丁 酉	己 酉	辛 酉	白 露
九月建	甲 戌	丙 戌	戊 戌	寅 戌	壬 戌	寒 露
十月建	乙 亥	丁 亥	己 亥	辛 亥	癸 亥	立 冬
十一月建	丙 子	戊 子	庚 子	壬 子	甲 子	大 雪
十二月建	丁 丑	己 丑	辛 丑	癸 丑	乙 丑	小 寒

③ 日柱 정하는 법.

日柱는 出生日(혹은 그날)에 해당하는 干支(日辰)로써 음양력을 막론하고 出生日에 해당하는 干支 그대로 기록하면 된다. 단 萬歲曆에 의하지 않고는 불가능 하다. 고로 서기년도를 찾아 生月, 生日欄을 찾으면 甲子니 乙丑 등이

기록되어 있는바 그대로 쓰면 된다. 가령 서기 1960年 양 7月 25日生(음 윤 6월2일)이라면 甲寅으로 日柱를 정하게 된다.

④ 時柱 정하는 법

時柱를 정하려면 현대시간으로 十二支 時法을 알아야 하고, 또는 무조건 子時니 丑時 하는게 아니라 干支를 다 붙여 甲子時니 乙丑時 등의 예로 정해야 한다. 우선 아래와 같은 것을 알아두어야 한다.

子時 : 1밤 11시 0분부터 다음날 1시전(11시~12시)
丑時 : 새벽 1시부터 3시전(1시~2시)
寅時 : 새벽 3시부터 5시전(3시~4시)
卯時 : 아침 5시부터 7시전(5시~6시)
辰時 : 아침 7시부터 9시전(7시~8시)
巳時 : 낮 9시부터 11시전(9시~10시)
午時 : 낮 11시부터 오후 1시전(11시~12시)
未時 : 오후 1시부터 3시전(1시~2시)
申時 : 오후 3시부터 5시전(3시~4시)
酉時 : 저녁 5시부터 7시전(5시~6시)
戌時 : 저녁 7시부터 9시전(7시~8시)
亥時 : 밤 9시부터 11시전(9~10시)

[참고] 서기 1961년 8월 10일부터 낮 12시를 12시 30분으로 30분 앞당겨 현재까지 사용해오고 있다. 十二支時의 정확한 度數는 태양이 正南(南中)에 위치할 때 正午(낮12시 0분)라야 한다. 30분 앞당겼으므로 12시 30분에야 태양이 正南(서울지방 기준)에 위치한다. 고로 1961년 8월 10일 이후부터는 30분 늦추어 밤 11시 30분에 子初(子時)가 시작되어야 하고, 이에 따라 日辰은 밤 0시 30분이 되어야 다음날로 바뀐다는 점을 알아두어야 한다. 그리고, 서머타임 기간중 1시간 혹은 30분 앞당겨 사용한 것도 참작해서 계산해야 한다. 서머타임이 실시된 연도와 날짜 기간은 해당되는 연도 아래에 표시해 놓았으니 참고하면 된다. 한가지 예로 서기 1987년 5월 10일부터 10월 11일까지 서머타임제를 둔바 이 기간중에는 가령 낮 12시 30분 출생일 경우 오전 11시 30분 출생으로 보아야 한다. 여기에서 30분을 또 빼면(1961년 8월부터 30분

앞당긴 것) 사실상(十二支 원칙상)의 시간은 11시 0분이라야 한다.

이상의 요령으로 十二支時 가운데 어느 時에 해당하는가를 알았으면, 다음에는 그날의 日干(日辰의 天干… 日辰 위글자)으로 時의 干支를 알아 時柱를 정해야 한다. 아래 표를 참고하라.

時 日	子 時 (0시)	丑	寅	卯	辰	巳	午	未	申	酉	戌	亥	(子) (밤) 11시
甲己日	甲子	乙丑	丙寅	丁卯	戊辰	己巳	庚午	辛未	壬申	癸酉	甲戌	乙亥	(丙子)
乙庚日	丙子	丁丑	戊寅	己卯	庚辰	辛巳	壬午	癸未	甲申	乙酉	丙戌	丁亥	(戊子)
丙辛日	戊子	己丑	庚寅	辛卯	壬辰	癸巳	甲午	乙未	丙申	丁酉	戊戌	己亥	(庚子)
丁壬日	庚子	辛丑	壬寅	癸卯	甲辰	乙巳	丙午	丁未	戊申	己酉	庚戌	辛亥	(壬子)
戊癸日	壬子	癸丑	甲寅	乙卯	丙辰	丁巳	戊午	己未	庚申	辛酉	壬戌	癸亥	(甲子)

※ 甲己日이란 甲子 甲戌 甲申 甲午 甲辰 甲寅日과 己巳 己卯 己丑 己亥 己酉 己未日의 예로 日의 天干이 甲과 己로 구성된 것임.

그러므로 가령 甲午日 卯時는 丁卯가 時柱요, 乙巳日 申時는 甲申이 時柱요, 壬子日 酉時는 己酉로 時柱를 정한다.

6. 신 살(神殺)

신살(神殺)이란 길신(吉神)과 흉살(凶殺)을 말한다. 사람마다 사주 가운데 길신 또는 흉살이 있기 마련인데 어떤 길신이 있으며 어떤 흉살이 있는가를 살피고 또 그 길신 또는 흉신은 어떠한 작용을 하는가에 대해 간단히 기록한다.

① 길 신(吉神)

○ 천을귀인(天乙貴人)

아래와 같은 천을귀인이 있으면 인덕이 많아 주위 환경에서 도와주는이가 많아 어려움을 당해도 무난히 해결된다. 또는 총명하고 착한데 흉한 일을 만나도 그것이 계기가 되어 도리어 좋아진다는 길성이다. 천을 귀인은 다음과 같다.

甲戊庚日에 丑未, 乙己日에 子申, 丙丁日에 亥酉,
辛日에 寅午, 壬癸日에 巳卯.

일 干	甲	乙	丙	丁	戊	已	庚	辛	壬	癸
천 을 귀 인	未	申	酉	酉	未	申	未	午	卯	卯
	丑	子	亥	亥	丑	子	丑	寅	巳	巳

가령 甲이나 戊나 庚日生이 年月日時支 가운데 丑이나 未가 있으면 곧 천을귀인이다.

○ 천월덕귀인(天月德貴人)

이 천덕귀인이나 월덕귀인이 있는 사람은 천을 귀인과 마찬가지로 귀인의 도움이 많고 일생 나쁜 액을 당하지 아니한다. 천월덕귀인은 아래와 같다.

천덕귀인＝正月丁 二月申 三月壬 四月辛 五月亥 六月甲

　　　　七月癸 八月寅 九月丙 十月乙 十一月巳 十二月庚

월덕귀인＝正五九月 丙　　二六十月 甲

　　　　三七十一月 壬　　四八十二月 庚

월 별	正	二	三	四	五	六	七	八	九	十	十一	十二
천덕귀인	丁	申	壬	辛	亥	甲	癸	寅	丙	乙	巳	庚
월덕귀인	丙	甲	壬	庚	丙	甲	壬	庚	丙	甲	壬	庚

가령 正月生人이 사주 가운데 丁이 있으면 천덕귀인이오 丙이 있으면 월덕귀인이다.

○ 건 록(建祿)

이 건록을 정록(正祿) 또는 천록(天祿) 혹은 그냥 녹(祿)이라고도 한다. 이 건록이 있는 사람은 몸이 건강하고 생활의 기반이 튼튼하며 일생 의식 걱정을 아니한다. 건록은 다음과 같다.

甲日寅　乙日卯　丙戊日巳　丁己日午

庚日申　辛日酉　壬日亥　　癸日子

日 干	甲	乙	丙	丁	戊	已	庚	辛	壬	癸
건 록	寅	卯	巳	午	巳	午	申	酉	亥	子

가령 甲日生이 月日時支가운데 寅이 있으면 건록이다.

○ 암 록(暗祿)

암록은 건록의 육합(六合)되는 곳으로 이 암록이 있는 사람은 숨은 인덕이 있어 남모르는 도움을 받게 되고 귀인의 도움이 많다. 암록은 아래와 같다.

甲日亥　乙日戌　丙戊日申　丁己日未
庚日巳　辛日辰　壬日寅　　癸日丑

日　干	甲	乙	丙	丁	戊	己	庚	辛	壬	癸
암　록	亥	戌	申	未	申	未	巳	辰	寅	丑

가령 甲日生이 月日時支 가운데 亥가 있으면 암록이다.

○ 금　여(金輿)

아래와 같은 금여가 있는 사람은 용모가 단정하고 온화하며 재주가 있어 사람들의 존경을 받게 된다. 그리고 금여가 있으면 좋은 배우자를 만나고, 시지(時支)에 있으면 일가친척의 도움이 많고 자손도 훌륭히 둔다.

甲日辰　乙日巳　丙日未　丁日申　戊日未
己日申　庚日戌　辛日亥　壬日丑　癸日寅

日　干	甲	乙	丙	丁	戊	己	庚	辛	壬	癸
금　여	辰	巳	未	申	未	申	戌	亥	丑	寅

가령 甲日生이 月日時支 가운데 辰이 있으면 금여라 한다.

○ 장　성(將星)

이 장성이 있는 사람은 성격이 강하고 자존심이 강해서 굽히기를 싫어한다. 장성이 다른 길신과 만나면 문무겸전하여 크게 출세한다. 여자는 팔자가 세다.

申子辰年日－子, 巳酉丑年日－酉, 寅午戌年日－午, 亥卯未年日－卯

年日支	子	丑	寅	卯	辰	巳	午	未	申	酉	戌	亥
장　성	子	酉	午	卯	子	酉	午	卯	子	酉	午	卯

가령 申子辰年生이 月日時에 子를 만나거나 申子辰日生이 年月時에 子를 만나면 장성이다.

○ 문　창(文昌)

－19－

이 문창성이 있으면 총명하여 학문에 뛰어나고 풍류를 좋아한다. 문창성은 아래와 같다.

甲日巳 乙日午 丙戊日申 丁己日酉 庚日亥 辛日子 壬日寅 癸日卯

日 干	甲	乙	丙	丁	戊	巳	庚	辛	壬	癸
문 창	巳	午	申	酉	申	酉	亥	子	寅	卯

가령 甲日生이 年月日時支 가운데 巳가 있으면 문창성이다.

○ 역 마(驛馬)

이 역마가 있고 다른 길신을 만나면 외지(外地)에서 이름을 떨치거나 상업무역 운수업으로 성공하고 또는 해외출입이 순조로우나 사주 격국이 나쁘거나 흉신이 임하면 일생 객지 풍상이 심하여 편할 날이 없다고 한다.

申子辰年日-寅 巳酉丑年日-亥, 寅午戌年日-申, 亥卯未年日-巳

年 日 支	子	丑	寅	卯	辰	巳	午	未	申	酉	戌	亥
역 마	寅	亥	申	巳	寅	亥	申	巳	寅	亥	申	巳

가령 申子辰年生이 月日時에 寅이 있거나 申子辰日生이 年月時 가운데 寅이 있으면 역마다.

○ 화 개(華盖)

이 화개가 있으면 총명하고 문장의 실력이 뛰어나며 예술에도 조예가 깊은데 낭만성이 농후하여 돈이 헤프다. 여자는 화개가 많으면 고독하거나 화류계가 되기 쉽다.

申子辰年日-辰, 巳酉丑年日-丑, 寅午戌年日-戌, 亥卯未年日-未

年 日 支	子	丑	寅	卯	辰	巳	午	未	申	酉	戌	亥
화 개	辰	丑	戌	未	辰	丑	戌	未	辰	丑	戌	未

가령 申子辰年生이 月日時支 가운데 辰이 있으면 화개요, 申子辰日生이 年月時支 가운데 辰이 있으면 화개다.

○ 홍란성(紅鸞星)

이 홍란성이 사주 가운데 있으면 용모가 단정하고 아름다우며 마음씨가 곱고 온화하다.

子生－卯　　丑生－寅　　寅生－丑　　卯生－子　　辰生－亥　　巳生－戌
午生－酉　　未生－申　　申生－未　　酉生－午　　戌生－巳　　亥生－辰

年日支	子	丑	寅	卯	辰	巳	午	未	申	酉	戌	亥
홍란성	卯	寅	丑	子	亥	戌	酉	申	未	午	巳	辰

가령 子年生이 月日時支 가운데 卯가 있으면 홍란성이다.

○ 삼　기(三奇)

아래와 같은 삼기를 갖춘 사람은 영웅수재(英雄秀才)가 될 가능성이 높다 한다. 고로 일찍 출세하여 이름을 떨친다.

甲戊庚全＝이를 천상삼기(天上三奇)라 한다.

乙丙丁全＝이를 지하삼기(地下三奇)라 한다.

壬癸辛全＝이를 인중삼기(人中三奇)라 한다.

가령 四柱의 天于에 甲戊庚 三字가 모두 있어야만 이에 해당한다. 乙丙丁 壬癸辛도 마찬가지다.

○ 육　수(六秀)

아래 일진에 태어난 사람은 재치 있고 재주가 총명하다. 단 너무 약고. 이기적(利己的)인 경향이 있다.

戊子日　己丑日　戊午日　己未日　丙午日

○ 복덕수기(福德秀氣)

아래에 해당되는 복덕수기를 갖춘 사람은 총명하고 복록이 따른다.

乙乙乙全　巳酉丑全

사주에 乙字 셋이 있거나 지지에 巳酉丑 金局을 온전히 놓으면 이에 해당 한다.

○ 천　혁(天赫)

아래와 같은 천혁이 있으면 나쁜 액을 만나도 우연히 전화위복 한다.

春三月－戊寅日　夏三月－甲午日,　秋三月－戊申日,　冬三月－甲子日

가령 正月 二月 三月 중에 출행하여 戊寅日生이면 이에 해당한다. 하(夏)는 四五六月, 추(秋)는 七八九月, 동(冬)은 十十一, 十二月生이다.

○ 괴　강(魁罡)

이 괴강성은 길신의 작용도 하고, 흉신의 작용도 한다. 길흉간에 극단으로 몰고 가는 성신이므로 대부(大富) 대귀(大貴)가 아니면, 극히 빈천해진다. 사주에 이 괴강이 많으면 크게 부귀하는데 단 여자는 팔자가 세어 고독하다.

　庚辰　庚戌　壬辰　壬戌　戊戌

　[참고]

　이 이상의 길신(吉神)이 공망(空亡)및 형충파해(刑冲破害)또는 사절묘(死絶墓)에 들지 않아야 길신으로서의 효력을 발휘한다. 만일 길신이 있더라도 공망을 만난거나 형충파해 되거나 십이 운성으로 사절묘에 들면 길신으로서의 아무런 효력이 없다.

② 흉 신(凶神)

　○ 공　망(空亡)

　즉 순중공망(旬中空亡)이다. 공망은 모든 성신(星辰─凶神을 막론하고)의 작용력을 무력화(無力化)시킨다. 그러므로 길신이 공망이면 흉하고, 흉살이 공망된 경우는 도리어 좋다.

　생년이 공망이면 부모 조상의 덕이 없고, 생월이 공망이면 형제무덕 하거나 유산이 없어 자수성가 해야 하고, 일지(日支)가 공망이면 처덕이 없고, 시지(時支)가 공망이면 자손덕이 없거나 자손을 실패한다.

　공망은 아래와 같다.

　甲子旬中(甲子에서　癸酉日까지)─戌亥空
　甲戌旬中(甲戌에서　癸未日까지)─申酉空
　甲申旬中(甲申에서　癸巳日까지)─午未空
　甲午旬中(甲午에서　癸卯日까지)─辰巳空
　甲辰旬中(甲辰에서　癸丑日까지)─寅卯空
　甲寅旬中(甲寅에서　癸亥日까지)─子丑空

　가령 生日이 庚午日이라면 甲子旬中에 해당하니 사주 가운데 戌이나 亥가 있으면 이를 공망이라 한다.

　○ 양　인(羊刃)

　양인은 살성(殺星)으로 성격이 급하고 사납고 독하고 자인하며 부상(負傷) 손재 질병 등을 초래한다. 단 사주 격국이 길하면 무관(武官)이나 형관(刑官)으로 출세한다.

甲日卯　　乙日辰　　丙戊日午　　丁己日未　　庚日酉　　辛日戌

壬日子　　癸日丑

日　　간	甲	乙	丙	丁	戊	巳	庚	辛	壬	癸
양　　인	卯	辰	午	未	午	未	酉	戌	子	丑

가령 甲日生이 年月日時支 가운데 卯가 있으면 양인살이다.

　○ 고과살(孤寡殺)

　고과(孤寡)란 고신(孤辰), 과숙(寡宿)인데 남자는 고실살이 있으면 홀아비가 되는 살이오 여자는 과숙살이 있으면 과부가 되는 살이라 한다. 사주가 길격으로 되어 있는 중에 이 살이 있으면 한 때 공방수에 불과하나 사주가 흉격인데다 이 살이 있으면 부부간에 생이사별을 면치못한다고 한다.

　亥子丑年日－寅戌(寅이　고신　戌이　과숙)

　寅卯辰年日－巳丑(巳가　고신　丑이　과숙)

　巳午未年日－申辰(申이　고신　辰이　과숙)

　申酉戌年日－亥未(亥가　고신　未가　과숙)

年 日 支	子	丑	寅	卯	辰	巳	午	未	申	酉	戌	亥
고 신(남)	寅	寅	巳	巳	巳	申	申	申	亥	亥	亥	寅
과 숙(여)	戌	戌	丑	丑	丑	辰	辰	辰	未	未	未	戌

　가령 男子 子年生이 月日時에 寅이 있거나 子日生이 年月時에 寅이 있으면 고신살이오, 여자 子年生이 月日時에 戌이 있거나 子日生이 年月時에 戌이 있으면 과숙살이다.

　○ 도　화(桃花)

　도화를 함지살(咸池殺) 또는 목욕살(沐浴殺) 또는 패신(敗神)이라고도 한다. 이 도화살이 있으면 남녀를 막론하고 색정(色情)에 방탕하기 쉽고 사치와 허영을 좋아한다. 또는 이성을 유혹하는 매력이 있다 한다.

　도화살은 아래와 같다.

年　　支	子	丑	寅	卯	辰	巳	午	未	申	酉	戌	亥
도 화 살	酉	午	卯	子	酉	午	卯	子	酉	午	卯	子

-23-

申子辰年日－酉, 巳酉丑年日－午, 寅午 戌年日－卯 亥卯未年日－子

가령 申子辰年生이 月日時支에 酉가 있거나 申子辰日生이 年月時支에 酉가 있으면 도화살이다.

○ 기타 흉신

年 日 支	子	丑	寅	卯	辰	巳	午	未	申	酉	戌	亥	備　　　考
혈인(血刃)	丑	未	寅	申	卯	酉	辰	戌	巳	亥	午	子	年支기준
관재(官災)	卯	辰	巳	午	未	申	酉	戌	亥	子	丑	寅	年으로月支
재혼(再婚)	五	六	七	八	九	十	十一	十二	正	二	三	四	年으로月支
중혼(重婚)	四	五	六	七	八	九	十	十一	十二	正	二	三	年으로月支
오귀(五鬼)	辰	巳	午	未	申	酉	戌	亥	子	丑	寅	卯	日支기준
상문(喪門)	寅	卯	辰	巳	午	未	申	酉	戌	亥	子	丑	年支기준
조객(吊客)	戌	亥	子	丑	寅	卯	辰	巳	午	未	申	酉	年支기준

③ 십이살(十二殺)

이 십이살 가운데 장성, 반안, 역마, 화개는 살이 아니다.

구분 / 年度	겁살	재살	천살	지살	연살	월산	망신	장성	반안	역마	육해	해개
申子辰生	巳	午	未	申	酉	戌	亥	子	丑	寅	卯	辰
巳酉丑生	寅	卯	辰	巳	午	未	申	酉	戌	亥	子	丑
寅午戌生	亥	子	丑	寅	卯	辰	巳	午	未	申	酉	戌
亥卯未生	申	酉	戌	亥	子	丑	寅	卯	辰	巳	午	未

④ 십이운성(十二運星)

십이운성법(十二運星法)에는 두 가지가 있다. 하나는 年이나 日支를 기준하여 정해지는 정국인데, 이를 포태법(胞胎法)이라 하고, 하나는 日干을 기준한 정국인데 이를 장생십이신(長生十二神)이라고도 한다.

○ 포태십이신(胞胎十二神)

金 絶 於 寅＝巳酉丑 金은 포(胞)를 寅에 붙이고

木 絕 於 申＝亥卯未　木은 胞를 申에 붙이고,

水土絕於巳＝申子辰　水土는 胞를 巳에 붙이고,

火 絕 於 亥＝寅午戌　火局은 胞를 亥에 붙인다.

이와 같은 원칙으로 포(胞-즉 絕)를 일으켜 태(胎), 양(養), 생(生), 욕(浴), 대(帶), 관(官), 왕(旺), 쇠(衰), 병(病), 사(死), 장(葬)으로 순행(順行)하면 아래와 같다.

年度＼구분	胞	胎	養	生	浴	帶	官	旺	衰	病	死	葬
申子辰水	巳	午	未	申	酉	戌	亥	子	丑	寅	卯	辰
巳酉丑金	寅	卯	辰	巳	午	未	申	酉	戌	亥	子	丑
寅午戌火	亥	子	丑	寅	卯	辰	巳	午	未	申	酉	戌
亥卯未木	申	酉	戌	亥	子	丑	寅	卯	辰	巳	午	未

金寅　水土巳　火亥　木申, 이는 포태법을 가장 간단하게 암기하는 요령이다. 가령 申子辰 水土局은 巳에 포를 붙여 순행하면 午에 태, 未에 양, 申에 생, 酉에 욕, 戌에 대, 亥에 관, 子에 왕, 丑에 쇠, 寅에 병, 卯에 사 辰에 장이 된다. 기타 火局, 金局, 木局도 모두 이와 같은 요령에 의한다.

　○ 장생십이신(長生十二神)

장생법(長生法)이라 하는바 붙이는 요령은 다음과 같다.

木 長 生 亥＝오행이 木이면 장생을 亥에,

火土長生寅＝오행이 火土면 장생을 寅에

金 長 生 巳＝오행이 金이면 장생을 巳에,

水 長 生 申＝오행이 水면 장생을 申에

이상의 원칙으로 장생을 일으켜 목욕(沐浴), 관대(冠帶), 임관(臨官), 제왕(帝王), 쇠(衰), 병(病), 사(死), 묘(墓), 절(絕), 태(胎), 양(養)의 순서로 순행(順行)한다.

구분 五行	장생 (長生)	목욕 (沐浴)	관대 (冠帶)	임관 (臨官)	제왕 (帝旺)	쇠 (衰)	병 (病)	사 (死)	묘 (墓)	절 (絶)	태 (胎)	양 (養)
木	亥	子	丑	寅	卯	辰	巳	午	未	申	酉	戌
火土	寅	卯	辰	巳	午	未	申	酉	戌	亥	子	丑
金	巳	午	未	申	酉	戌	亥	子	丑	寅	卯	辰
水	申	酉	戌	亥	子	丑	寅	卯	辰	巳	午	未

가령 木은 亥에 장생을 붙여 순행하니 子에 목욕, 丑에 관대, 寅에 임관, 卯에 제왕, 辰에 쇠, 巳에 병, 午에 사, 未에 묘, 申에 절, 酉에 태, 戌에 양이 된다. 기타 火土, 金 水의 경우도 木의 예와 마찬가지다.

또는 십이장생을 음양으로 구분해서 양(陽)은 순행(順行)하고 음(陰)은 역행(逆行)한다.

甲木長生亥　乙木長生午,

丙火長生寅　丁火長生酉

戊土長生寅　己土長生酉

庚金長生巳　辛金長生子

壬水長生申　癸水長生卯

甲丙戊庚壬 양간은 十二支를 순행하고 乙丁己辛癸 음간은 十二支를 역행하면 아래의 정국표(定局表)와 같다.

十二神　　　　日干	甲	乙	丙	丁	戊	己	庚	辛	壬	癸
장 생(長 生)	亥	午	寅	酉	寅	酉	巳	子	申	卯
목 욕(沐 浴)	子	巳	卯	申	卯	申	午	亥	酉	寅
관 대(冠 帶)	丑	辰	辰	未	辰	未	未	戌	戌	丑
임 관(臨 官)	寅	卯	巳	午	巳	午	申	酉	亥	子
제 왕(帝 旺)	卯	寅	午	巳	午	巳	酉	申	子	亥
쇠(衰)	辰	丑	未	辰	未	辰	戌	未	丑	戌
병(病)	巳	子	申	卯	申	卯	亥	午	寅	酉
사(死)	午	亥	酉	寅	酉	寅	子	巳	卯	申
묘(墓)·고(庫)	未	戌	戌	丑	戌	丑	丑	辰	辰	未

절(絶)	申	酉	亥	子	亥	子	寅	卯	巳	午
태(胎)	酉	申	子	亥	子	亥	卯	寅	午	巳
양(養)	戌	未	丑	戌	丑	戌	辰	丑	未	辰

7. 남녀궁합법(男女宮合法)

① 납음궁합(納音宮合)

납음궁합이란 남녀 생년태세(生年太歲)의 납음오행(納音五行)으로 생극비화(生剋比和)관계를 따져 상생(相生)되면 길하고 상극(相剋)되면 불길하며 비화(比和)되면 길한 경우도 있고 불길한 경우도 있다 하는데 金金 火火의 비화는 나쁘고 水水 土土 木木의 비화는 좋게 보는 것이다.

이 납음궁합을 보려면 우선 남녀 생년태세가 어떤 오행에 속하는가를 알아야 한다. 아래와 같다.

○ 육십갑자납음오행(六十甲子音五行)

甲子乙丑	해중금(海中金)	甲申乙酉	천중수(泉中水)	甲辰乙巳	복등화(覆燈火)
丙寅丁卯	노중화(爐中火)	丙戌丁亥	옥상토(屋上土)	丙午丁未	천하수(天河水)
戊辰己巳	대림목(大林木)	戊子己丑	벽력화(霹靂火)	戊申己酉	대역토(大驛土)
庚午辛未	노방토(路傍土)	庚寅辛卯	송백목(松柏木)	庚戌辛亥	차천금(釵釧金)
壬申癸酉	검봉금(劍鋒金)	壬辰癸巳	장류수(長流水)	壬子癸丑	상자목(桑柘木)
甲戌乙亥	산두화(山頭火)	甲午乙未	사중금(沙中金)	甲寅乙卯	대계수(大溪水)
丙子丁丑	간하수(澗下水)	丙申丁酉	산하화(山下火)	丙辰丁巳	사중토(沙中土)
戊寅己卯	성두토(城頭土)	戊戌己亥	평지목(平地木)	戊申己未	천상화(天上火)
庚辰辛巳	백납금(白鑞金)	庚子辛丑	옥상토(屋上土)	庚戌辛酉	석류목(石榴木)
壬午癸未	양류목(楊柳木)	壬寅癸卯	금박금(金箔金)	壬戌癸亥	대해수(大海水)

그런데 남녀가 상극될 경우 여자가 남자의 극을 받는 것 보다 남자가 여자의 극을 받음이 더욱 마땅치 않다. 그리고 남녀를 막론하고 극을 받으면(相剋되는 것)나쁘다 하나 다음과 같은 경우에는 극 받는 것을 도리어 기뻐한다.

○ 金은 火의 극을 꺼리지만 甲午·乙未 사중금(沙中金)과 庚戌·辛亥 차천금(釵釧金)은 火를 만나야 성공하고,

○ 火는 水의 극을 꺼리지만 戊子·己丑 벽력화(霹靂火)와 丙申·丁酉 산하화(山下火)와 戊午·己未 천상화(天上火)는 水이 아니면 평화를 누리지 못하고,

○ 土는 木의 극을 꺼리지만 庚午·辛未 노방토(路傍土)와 戊申·己酉 대역토(大驛土)와 丙辰 丁巳 사중토(沙中土)는 목이 아니면 평생의 행복을 그르치고,

○ 水는 土의 극을 꺼리지만 丙午·丁未 천하수(天河水)와 壬戌·癸亥 대해수(大海水)는 土를 만나면 자연히 발복되고

○ 木은 金의 극을 꺼리지만 오직 戊戌·己亥 평지목(平地木)은 金이 아니면 성공을 얻기 어렵다.

○ 납음궁합 해설

男金女金＝길 옆에 서 있는 복숭아와 살구나무 격(道傍桃杏)

두 金이 부딪히면 소리가 나는 법, 강과 강이 만나 맞서니 가정이 시끄럽고 부부 불화하니 집을 잘 비우고 타향에 나가 풍상을 겪는다.

男金女木＝고난을 겪은 뒤 창성한다.(困而得昌)

金克木으로 金木이 상극이나 남자가 여자를 극하므로 발복하고 잡안도 안락할 것이다.

男金女水＝물고기와 용이 물을 얻은 격(魚龍得水格)

상생궁합, 고로 대길하여 부부 금슬이 좋고 일생 이별 없이 해로하며, 자손이 슬하에 가득하되 모두 효성으로 양친을 받든다. 초목이 봄을 만난듯이 날로 발전하는 대길한 궁합이다.

男金女火＝화분속의 매화가 봄을 기다리는격(盆梅待春格)

火克金으로 상극되어 불길한 것 같으나 金이 용광로에 들면 단련되어 훌륭한 그릇이 된다. 고로 이 궁합은 기국이 작은 사람은 불길하여 이별 수 있고, 기국이 큰 사람은 크게 성취한다. 단 초년의 곤고가 있은 뒤에야 발달하

는 궁합이다.

男金女土＝봄에 난초를 심는 격(春日植蘭格)

土金이 상생하니 삼생(三生)의 연분이 만나 백년해로 한다. 부귀빈천이야 하늘이 정한 운명이니 어쩔 수 없으나 같이 근심하고 같이 즐거워하면서 일생 다정하게 지낸다.

南木女木＝소는 농사 짓고 말은 수레를 끄는 격(牛耕馬行格)

木木이 비화되어 서로 맞서는 상이니 부부간의 뜻이 각기 다르다. 금슬은 좋다 할수 없으나 서로 돕는 마음으로 합심하면 자수성가 하여 재부(財富)를 누린다.

男木女水＝물고기가 변하여 용이 된 격(魚變化龍格)

金水가 상생하니 남편은 아내를 아끼고 아내는 남편을 공경하여 가도가 세워지고 온 가정이 화락한다. 뿐 아니라 마른 나무가 봄을 만난 것 같이 날로 가업이 번창하고 자손도 크게 영귀하는 자장 이상적인 궁합이다.

男木女火＝높은 별당에 앉아 거문고를 타는 격(高堂彈琴格)

木火가 상생이라 부부 금슬이 지극하다. 슬하에 많은 자녀들을 두어 가정의 즐거움이 끊일날 없고, 일생 큰 액이 없이 백년해로 할 것이다.

男木女土＝물고기가 못 속에서 노는 격(魚遊沼澤格)

木克土로 상극이라 하나 한편 木은 흙에 뿌리를 박고 자라는 것이므로 나쁜것 같으면서도 나쁘지 않다. 다만 남편 자신이 아내를 사랑하기에 노력한다면 의식이 족하고 원만한 가정을 누리면서 해로할 것이다.

男水女金＝봄에 꽃이 피고 가지가 돋아나는 격(春生花枝格)

金生水로 상생궁합이니 어질고 착한 아내와 三남 四녀의 자녀를 두어 슬하의 영화도 극진하다.

男水女木＝평탄한 길을 말이 달리는 격(坦道馳馬格)

水生木이니 부부가 다정하고 일생 이별이 없다. 혹 부부가 만날 때 빈궁하더라도 날과 달로 발전하여 티끌모아 태산을 이루듯이 마침내 크게 성공할 것이오, 자손도 창성하여 부귀를 얻게 되리라.

男水女水＝물고기가 봄물결 속에서 평화롭게 노는 격(魚遊春水格)

水水가 서로 합하니 시내물이 모여 강(江)이 되고, 잔솔을 심어 낙락장송이 된다. 전생의 인연이 이생에서 다시 만난것 같이 부부간에 백년화락 할 것이오 만사가 다 성취되어 무궁한 복록을 누릴 것이다.

男水女火 = 소경이 개울 옆에서 지팡이를 짚고 서 있는 격(盲杖立溝格)

水火가 상극이니 부부의 뜻이 다르고 마음이 다르다. 전생에 원수가 만난 듯이 서로 미워하여 걸핏하면 충돌하니 백년해로를 기약하기 어렵다.

男水女土 = 토끼가 굴 속에서 숨어 있는 격(兔守其窟格)

土克水로 상극된 중에 아내가 남편을 업신여기는 상이다. 내 주장에 가정이 항시 시끄럽고 우환질고가 떠나지 않으니 우울한 나날을 보낼 뿐이다.

男火女金 = 용이 여의주를 잃고 조화를 부리지 못하는 격(龍失明珠格)

火克金이니 상극궁합이라 부부의 뜻이 서로 어긋나 날마다 싸우게 되고 가정이 불안하니 매사불성으로 재물은 눈 녹듯이 사라져 빈궁해진다. 뿐 아니라 자손도 두기 어렵거나 두더라도 불초하여 부모 근심을 끼치게 되리라.

男火女木 = 꽃동산에 봄이 돌아온 격(花園逢春格)

木生火라 상생궁합이니 부부가 화락하고 일생 이별이 없이 백년해로 한다. 뿐 아니라 자손 창성에 재물은 봄을 만난 초목과 같이 날로 번창하여 부귀영화를 누릴 것이다.

男火女木 = 깨진 배로 바다를 건너는 격(破船渡海格)

水火가 상극이니 물에 기름을 섞은것 같이 부부의 뜻이 매양 어긋난다. 동과 서로 나뉘어 거처하는 격이니 해로 하기 어렵고 중도에서 생이별하기 쉽다. 재물도 궁핍하고 자녀의 운도 나쁘다.

男火女火 = 섭을 지고 불 속에 들어가는 격(負薪入火格)

두불이 서로 만나니 불꽃이 치열하여 불타 재만 남는 상이다. 단 십년도 동거하기 어렵고 화재수로 재산을 날리며 자살소동이 일어나는 등 가장 불길한 궁합이니 취하지 마라.

男火女土 = 수하고, 부하고 자손도 많이 두는 격(壽富多男格)

火生土로 상생궁합. 부부가 화목하게 백년해로한다. 재물도 족하고 가정도 원만할 것이오 일생 질병 없이 건강한 몸으로 부귀를 누리리라.

男土女金 = 원앙이 서로 만난격(鴛鴦相逢格)

土生金이라 궁합 가운데 가장 이상적인 궁합이라 하겠다. 소위 부창부수(夫唱婦隨)니 남편은 사랑하고 아내는 남편을 존경하여 가도가 바르게 세워진다. 재물이야 말해 무엇하랴. 부부 일심이니 아니되는 일 없이 날로 발전하여 석숭같은 부자가 부럽지 않으리라.

男土女木 = 대들보가 부러지고 집이 무너진 격(棟折屋頹格)

木克土라 아내가 남편을 극하는 궁합이니 가장 불길하여 부부불화로 가정이 시끄럽지 않으면 중도에 파탄을 일으킨다. 만약 이러한 궁합으로 혼처가 나서거든 아예 거절하고 다른 곳을 구하라. 한 번 잘 못 만나면 서로가 불행하니라.

男土女水＝바위 위로 말이 달리는 격(馳馬岩上格)

土克水로 상극이니 부부 불화하고, 아내의 질병으로 재산을 거의 날리며, 집안이 차츰 기울어 간다. 일생 되는 일이 적고 엉뚱한 변괴가 자주 일어나니 조용하고 편안할 날이 없다.

男土女火＝꾀꼬리가 버들가지 위에 앉은 격(鸎上柳枝格)

土生金으로 상생이 되니 항시 봄바람 같이 훈훈하다. 부부 금슬이 다정함은 물론이요 해마다 경사가 이르고 부귀영화를 누리면서 해로 한다.

男土女土＝모란이 곱게 핀 격(牧丹開發格)

양토(兩土)가 상합하니 부부의 뜻이 맞고 상부상조(相扶相助)하면서 백년을 해로 한다. 비록 부모의 유산이 없더라도 합심으로 자수성가하여 중년 이후로는 전답을 즐비하게 장만하리라.

② 구궁궁합(九宮宮合)

이 궁합법은 상·중·하원(上中下元)으로 분류해서 보게 되었으나 여기에서는 중원갑(中元甲)에 태어난 남녀를 기준 수록한다. 왜냐하면 상원갑(上元甲)은 서기 一八六四年 甲子에서 一九二三年 癸亥까지 해당되므로 불필요한 것이고 하원갑(下元甲)은 서기 一九八四年 甲子부터이므로 아직 나이가 어려 결혼연령에 이르려면 앞으로 二十年은 지나야 한다. 단 중원갑(中元甲)은 一九二四年 甲子에서 一九八三年 癸亥까지이므로 중원갑에 한해서만 수록해도 참고하는데 불편이 없기 때문이다.

巽	離	女甲子 坤 （逆）
震	中	兌
艮	男甲子 坎 （順）	乾

남자는 甲子를 감궁(坎宮)에 붙여 九宮을 거꾸로 돌리고 여자는 곤궁(坤宮)에 甲子를 붙여 九宮을 순으로 돌려 나가다가 출생한 생년태세(生年太歲)에 이르는 곳의 괘(卦)를 기준하여 一上生氣 二中天醫 식으로 생기복덕 짚은 요령과 같이 한다. (만일 태세가 中

宮에 들면 남자는 坤宮으로 따지고 여자는 良宮으로 따진다. 생기(生氣)·복덕(福德)·천의(天醫)는 대길하고 본궁(本宮―즉 歸魂)은 평상하며 절체(絶體)와 유혼(遊魂)은 해가 없고 화해(禍害)·절명(絶命)이면 대흉하다. 이상의 요령을 직접 알아보기 쉽게 아래와 같이 조견표를 작성한다.

○ 구궁궁합 조견표

男子의 生 \ 女子의 生	甲子 癸酉 壬午 辛卯 庚子 己酉 戊午 坤	乙丑 甲戌 癸未 壬辰 辛丑 庚戌 己未 震	丙寅 乙亥 申甲 癸巳 壬寅 辛亥 庚申 巽	丁卯 丙子 乙酉 甲午 癸卯 壬子 辛酉 中	戊辰 丁丑 丙戌 乙未 申辰 癸丑 壬戌 乾	己巳 戊寅 丁亥 丙申 乙巳 甲寅 癸亥 兑	庚午 己卯 戊子 丁酉 丙午 乙卯 艮	辛未 庚辰 己丑 戊戌 丁未 丙辰 離	壬申 辛巳 庚寅 己亥 戊申 丁巳 坎
甲子 癸酉 壬午 辛卯 庚子 己酉 戊午 坎	절명	복덕	생기	천의	유혼	화해	천의	절체	귀혼
乙丑 甲戌 癸未 壬辰 辛丑 庚戌 己未 離	유혼	생기	복덕	화해	절명	천의	화해	귀혼	절체
丙寅 乙亥 甲申 癸巳 壬寅 辛亥 庚申 艮	생기	유혼	절명	귀혼	복덕	절체	귀혼	화해	천의
丁卯 丙子 乙酉 甲午 癸卯 壬子 辛酉 兑	복덕	절명	유혼	절체	생기	귀혼	절체	천의	화해
戊辰 丁丑 丙戌 乙未 甲辰 癸丑 壬戌 乾	절체	천의	화해	복덕	귀혼	생기	복덕	절명	유혼
己巳 戊寅 丁亥 丙申 乙巳 甲寅 癸亥 中	귀혼	화해	천의	생기	절체	복덕	생기	유혼	절명
庚午 己卯 戊子 丁酉 丙午 乙卯 巽	천의	절체	귀혼	절명	화해	유혼	절명	복덕	생기
辛未 庚辰 己丑 戊戌 丁未 丙辰 震	화해	귀혼	절체	유혼	천의	절명	유혼	생기	복덕
壬申 辛巳 庚寅 己亥 戊申 丁巳 坤	귀혼	화해	천의	생기	절체	복덕	생기	유혼	절명

　가령 庚子生 男子와 辛丑生 女子는 복덕궁합이니 길하고, 남자 癸卯生과 여자 戊申生은 화해궁합이 되어 대흉하다. 그 외에도 같은 요령으로 남자(上)와 여자(下)의 생을 대조하여 어느 궁합에 해당하는가를 본다.

③ 기 타

○ 원진살(怨嗔殺)

남녀 궁합에 원진이 되면 부부간에 정이 없거나 심한 경우 이별수도 있다 한다. 아래와 같다.

子—未(쥐띠와 양띠), 丑—午(소띠와 말띠), 寅—酉(범띠와 닭띠), 卯—申(토끼띠와 원숭이띠), 진—해(용띠와 돼지띠), 巳—戌(뱀띠와 개띠)

○ 가취멸문법(嫁聚滅門法)

남녀 혼인에 될 수 있으면 아래에 해당되는 생월끼리 피하는게 좋다고 한다. 이는 소위 재산이 흩어지거나 자손이 창성하지 못한다는 것으로 다른 궁합이 모두 나쁘고 이에 해당하면 멸문(滅門)의 재앙도 이룰 수 있다 한다.

正月女와 九月男,	二月女와 八月男,	三月女와 五月男,
四月女와 六月男,	五月女와 正月男,	六月女와 十二月男,
七月女와 三月男,	八月女와 十月男,	九月女와 四月男,
十月女와 十一月男		

8. 택일문(擇日門)

(1) 생기복덕법(生氣福德法)

어떤 택일을 막론하고 첫째 주인공의 생기, 복덕의 길일부터 맞춘 뒤에 해당부분의 길일과 합국(合局)해야 한다. 그러므로 먼저 남녀 생기복덕법을 수록한다.

원래 이 생기복덕법은 조견표에 의하지 않고 암기법(暗記法)으로 따져 보는 방법이 있다.

즉 남자는 一세를 離宮에 붙여 二세만은 坤을 건너 뛰고 兌, 三세 乾, 四세 坎, 五세 艮, 六세 震, 七세 巽, 八세 離, 九세 坤, 十세 兌, 이렇게 계속 돌리면 二十세에는 坎, 三十세에는 震, 四十세에 離, 五十세에 兌, 六十세에 坎,

七十·세에 震宮이 닿고, 여자는 一세를 坎에 붙여 八方을 거꾸로 돌린다. 즉
二세 乾, 三세 兌, 四세 坤, 五세 離, 六세 巽, 七세 震, 八세만은 艮을 건너 坎
에 이르고, 九세 乾, 十세 兌, 이렇게 계속 돌려나가면 二十에 離, 三十에 震,
四十에 坎, 五十에 兌, 六十에 離, 七十에 震, 八十에는 坎宮에 닿는다.

7	15	23	31	39	1	8	16	24	32		9	17	25	33
47	55	63	71	79	40	48	56	64	72	41	49	57	65	73
6	14	22	30	38						2	10	18	26	34
46	54	62	70	78	男		子			42	50	58	66	74
5	13	21	29	37	4	12	20	28	36	3	11	19	27	35
45	53	61	69	77	44	52	60	68	76	43	51	59	67	75

6	13	21	29	37	5	12	20	28	36	4	11	19	27	35
45	53	61	69	77	44	52	60	68	76	43	51	59	67	75
7	14	22	30	38						3	10	18	26	34
46	54	62	70	78	女		子			42	50	58	66	74
	15	23	31	39	1	8	16	24	32	2	9	17	25	33
47	55	63	71	79	40	48	56	64	72	41	49	57	65	73

위 남녀 연령배치도를 참고하라.

그리하여 해당되는 연령이 닿는 곳의 괘(卦)의 몽양을 손으로 만들어 一
上生氣부터 시작하여 二中天醫, 三下絶體, 四中遊魂, 五上禍害, 六中福德, 七
下絶命, 八中歸魂의 순서로 떼어져 있는 것은 붙이고, 붙은 것은 펴면서 ㅂ辰
과 같은 卦의 모양이 이루어 질때 불러지는 것이 바로 그 일진에 해당하는
생기·복덕신이다. 가령 남자 五十·세라면 나이가 태궁(兌宮)에 닿고 앉는 兌
上絶이라, 손가락 兌上絶의 모양에서 일상생기 부르면서 上指를 붙이면 乾三
連이 되니 戌亥日은 생기요, 이중천의 부르면서 中指를 떼면 離虛中이 되니
午日은 천의요, 三下節體 부르면서 下指(藥指)를 떼면 艮上連이 되니 丑寅日
은 절체요, 四中遊魂 부르면서 中指를 붙이면 巽下絶되니 辰巳日은 유혼이오,
五上禍害 부르면서 上指를 떼면 坎中連이 되니 子日은 화해요, 六中福德 부
르면서 中指를 떼면 坤三絶이 되니 未申日은 복덕이오, 七下絶命 부르면서
下指를 붙이면 震下連이 되니 卯日은 절명이요, 八中遊魂 브르면서 中指를
붙이면 兌上絶이 되니 酉日은 귀혼이다.

子日-坎中連, 丑寅日-艮上連, 卯日-震下連, 辰巳日-巽下絶

午日-離虛中, 未申日-坤三絶, 酉日-兌上絶, 戌亥日-乾三連

　이상과 같은 요령으로 생기법(生氣法)을 따져 아래와 같은 조견표를 만들었으니 위 요령에 이해가 어려우면 이 조견표에서 남녀 구분하여 직접 연령만 찾으면 어느 日辰에 무엇이 해당하는가를 쉽게 알 수 있을 것이다.

○ 생기 · 복덕 조견표

연령 \ 구분	男 子 의 연 령								女 子 의 연 령							
연령	一	二	三	四	五	六	七		一	二	三	四	五	六	七	
	八	九	一〇	一一	一二	一三	一四	一五	八	九	一〇	一一	一二	一三	一四	一五
	一六	一七	一八	一九	二〇	二一	二二	二三	一六	一七	一八	一九	二〇	二一	二二	二三
	二四	二五	二六	二七	二八	二九	三〇	三一	二四	二五	二六	二七	二八	二九	三〇	三一
	三二	三三	三四	三五	三六	三七	三八	三九	三二	三三	三四	三五	三六	三七	三八	三九
	四〇	四一	四二	四三	四四	四五	四六	四七	四〇	四一	四二	四三	四四	四五	四六	四七
구분	四八	四九	五〇	五一	五二	五三	五四	五五	四八	四九	五〇	五一	五二	五三	五四	五五
	五六	五七	五八	五九	六〇	六一	六二	六三	五六	五七	五八	五九	六〇	六一	六二	六三
	六四	六五	六六	六七	六八	六九	七〇	七一	六四	六五	六六	六七	六八	六九	七〇	七一
	七二	七三	七四	七五	七六	七七	七八	七九	七二	七三	七四	七五	七六	七七	七八	七九
생기(生氣)	卯	丑寅	戌亥	酉	辰巳	未申	午	子	辰巳	酉	戌亥	丑寅	卯	子	午	未申
천의(天醫)	酉	辰巳	午	卯	丑寅	子	戌亥	未申	丑寅	卯	午	辰巳	酉	未申	戌亥	子
절체(絶體)	子	戌亥	丑寅	未申	午	酉	辰巳	卯	午	未申	丑寅	戌亥	子	卯	辰巳	酉
유혼(遊魂)	未申	午	辰巳	子	戌亥	卯	丑寅	酉	戌亥	子	辰巳	午	未申	酉	丑寅	卯
화해(禍害)	丑寅	卯	子	辰巳	酉	午	未申	戌亥	酉	辰巳	子	卯	丑寅	戌亥	未申	午
복덕(福德)	辰巳	酉	未申	丑寅	卯	戌亥	子	午	卯	丑寅	未申	酉	辰巳	午	子	戌亥
절명(絶命)	戌亥	子	卯	午	未申	辰巳	酉	丑寅	未申	午	卯	子	戌亥	丑寅	酉	辰巳
귀혼(歸魂)	午	未申	酉	戌亥	子	丑寅	卯	辰巳	子	戌亥	酉	未申	午	辰巳	卯	丑寅

　생기(生氣) · 천의(天醫) · 복덕일(福德日)은 대길하고, 절체(絶體) · 유혼(遊魂) · 귀혼일(歸魂日)은 평평하니 생기 복덕 천의일을 가리기 어려울 경우 사용해도 무방하고, 오직 화해(禍害) · 절명일(絶命日)은 대흉하니 사용치 마라.

　가령 남자 一세, 八세, 十六세, 二十·四세 등은 卯日이 생기요 酉日이 천의,

子日이 절체, 未申日이 유혼, 丑寅日이 화해, 辰巳日이 복덕, 戌亥日이 절명,
午日이 귀혼이다. 그러므로 이상의 연령은 丑寅日(화해)과 戌亥日(절명)을
피하는것이 좋다.

(2) 혼인문(婚姻門)

① 혼인운 보는 법

○ 합혼개폐법(合婚開閉法)

이는 여자의 연령으로 몇살에 혼인하면 좋고 나쁜가를 보는 방법인데 대
개운(大開運)에 혼인하면 결혼후 부부 화목하고, 반개운(半開運)에 혼인하
면 부부 불화하며, 폐개운(閉開運)에 혼인하면 부부 이별하게 된다고 한다.
다음과 같다.

子午卯生女						
大開 :	十七	二 十	二十三	二十六	二十九	三十二
半開 :	十八	二十一	二十四	二十七	三 十	三十三
閉開 :	十九	二十二	二十五	五十八	三十一	三十四

寅申巳亥生女						
大開 :	十六	十 九	二十二	二十五	二十八	三十一
半開 :	十七	二 十	二十三	二十六	二十九	三十二
閉開 :	十八	二十一	二十四	二十七	三 十	三十三

辰戌丑未生女						
大開 :	十五	十 八	二十一	二十四	二十七	三 十
半開 :	十六	十 九	二十二	二十五	二十八	三十一
閉開 :	十七	二 十	二十三	二十六	二十九	三十二

○ 혼인흉년(婚姻凶年)

아래에 해당되는 해에 혼인하면 불길하니 피하는것이 좋다.

子年生 男-未年 女-卯年	午年生 男-丑年 女-酉年
丑年生 男-申年 女-寅年	未年生 男-寅年 女-申年
寅年生 男-酉年 女-丑年	申年生 男-卯年 女-未年
卯年生 男-戌年 女-子年	酉年生 男-辰年 女-午年
辰年生 男-亥年 女-亥年	戌年生 男-巳年 女-巳年
巳年生 男-子年 女-戌年	亥年生 男-午年 女-辰年

② 혼인달 가리는 법

○ 살부대기월(殺夫大忌月)

다음에 해당되는 달에 혼인하는 여자는 결혼후 그 남편과 생이별 하는 수가 있다. 하니 피하는 것이 좋다.

子生女-正・二月, 丑生女-四月, 寅生女-七月,

卯生女-十・二月, 辰生女-四月, 巳生女-五月

午生女-八・十二月, 未生女-六・七月, 申生女-六・七月,

酉生女-八月, 戌生女-十・二月, 亥生女-七・八月

○ 가취월(嫁聚月)

혼인에 길한 달을 가리고 나쁜 달을 피하는 방법인데 단 여자의 생(生)으로 기준한다.

아래 표를 참고하라.

여자의 生 / 구 분	子生 午生	丑生 未生	寅生 申生	卯生 酉生	辰生 戌生	巳生 亥生	비 고
대리월(大利月)	六月 十二月	五月 十一月	二月 八月	正月 七月	四月 十月	三月 九月	大吉함
방매씨(妨媒氏)	正月 七月	四月 十月	三月 九月	六月 十二月	五月 十一月	二月 八月	혼인해도 무방함
방옹고(妨翁姑)	二月 八月	三月 九月	四月 十月	五月 十一月	六月 十二月	正月 七月	시부모가 없으면 무방함
방여부모(妨女父母)	三月 九月	二月 八月	五月 十一月	四月 十月	正月 七月	六月 十二月	친정부모가 없으면 무방함
방부주(妨夫主)	四月 十月	正月 七月	六月 十二月	三月 九月	二月 八月	五月 十一月	신랑에게 불길함
방여신(妨女身)	五月 十一月	六月 十二月	正月 七月	二月 八月	三月 九月	四月 十月	신부 자신에게 불길함

가령 자년생 여자라면 六月과 十二月에 혼인함이 가장 좋다. 또는 正月과 七月도 무방하며 시부모가 없으면 二月이나 八月에도 혼인하면 되고, 친정 부모가 없으면 三月이나 九月에도 혼인할 수 있다. 단 四月 十月은 남편에게 흉하고, 五月 十二月은 자신에게 흉하니 혼인하지 말아야 한다.

③ 날짜 가리는 법

혼인에 좋은 날은 음양부장길일(陰陽不將吉日)이나 오합일(五合日)이 최상 길일이며, 다음에는 십전대길일(十全大吉日) 천은(天恩), 대명(大明)·모창(母倉) 천사(天赦)의 사대길일(四大吉一), 천롱(千聾)·지아일(地啞日) 그리고 천월덕(天月德)및 천월덕합일(天月德合日), 황도일(黃道日), 가운데서 두 세개의 길신을 합해 가리면 된다.

요령은 음양부장길일에서 우선 뽑고, 이 날이 생기법 등에 맞지 않아 곤란하거든 오합일을 택하고, 이 날도 마땅치 않거든 십전대길일이나 천은·대명·모창·천사일이나 천롱지일에서 뽑아 천월덕 및 천월덕합일과 같이 만나도록 하되 가급적 황도일을 겸하는 것이 좋다.

○ 음양부장길일(陰陽不將吉日)

正月＝丙寅　丁卯　戊寅　庚寅　辛卯

二月＝乙丑　丙寅　丙子　丁丑　戊寅　戊子　己丑　庚寅　庚子

三月＝甲子　丙子　乙酉　丙戌　丁酉　己酉

四月＝甲子　甲戌　丙子　丙戌　戊子　戊戌

五月＝癸酉　甲戌　癸未　甲申　乙酉　丙戌　乙未　丙申　戊戌　戊申

六月＝壬申　壬午　癸未　甲申

七月＝壬申　甲申　癸巳　乙巳

八月＝壬申　壬午　甲申　癸巳　甲午

九月＝庚午　辛巳　壬午　辛卯　癸巳　癸卯

十月＝庚午　庚辰　壬午　辛卯　壬辰　癸卯

十一月＝己巳　丁丑　庚辰　辛巳　己丑　庚寅　壬辰　辛丑　壬寅　丁巳

十二月＝丙寅　丙子　戊子　戊寅　庚寅　庚子

이상의 부장길일은 위 일진보다 더 있으나 혼인을 못하는천적(天賊)·수사(受死)·홍사(紅紗)·피마(披麻)·월살(月殺)에 해당하여 이를 뺀 나머지만 기록하였다.

○ 오합일(五合日)

즉 寅卯日이 모두 오합일인데 아래와 같다.

丙寅丁卯＝陰陽合　　戊寅己卯＝人民合　　庚寅辛卯＝金石合

壬寅癸卯＝江河合　　甲寅乙卯＝日月合

즉 丙寅 丁卯 戊寅 己卯 庚寅 辛卯 壬寅 癸卯 甲寅 乙卯 日을 오합일(五合日)
이라 한다.

○ 십전대길일(十·全大吉日)

乙丑 丁卯 丙子 丁丑 己丑 辛卯 癸卯 乙巳 壬子 癸丑

○ 천은상길일(天恩上吉日)

甲子 · 乙丑 · 丙寅 · 丁卯 · 戊辰 · 己卯 · 庚辰 · 辛巳 ·　壬午 · 己酉 · 庚戌 ·
辛亥 · 壬子 · 癸未 · 癸丑

○ 대명상길일(大明上吉日)

辛未 · 壬申 · 癸酉 · 丁丑 · 己卯 · 壬午 ·　甲申 · 丁亥 · 壬辰 · 乙未 · 壬寅 ·
甲辰 · 乙巳 · 丙午 · 己酉 · 庚戌 · 辛亥

○ 천사상길일(天赦上吉日)

春－戊寅日　　夏－甲午日　　秋－戊申日　　冬－甲子日

○ 모창상길일(母倉上吉日)

春－亥子日　　　夏－寅卯日　　秋－辰戌丑未日　　冬－申酉日

○ 천롱일(天聾日)

丙寅　　戊辰　　丙子　　丙申　　庚子　　壬子　　丙辰

○ 지아일(地啞日)

乙丑　丁卯　己卯　辛巳　乙未　己亥　辛丑　癸丑　辛酉　辛亥

○ 천월덕(天月德) 및 합일(合日)

천덕(天德) · 월덕(月德)과 천덕합(天德合) · 월덕합일(月德合日)은 아래
와 같다. 이 날은 혼인 뿐 아니라 인간 백사에 다 길한 날이다.

구분 月別	正	二	三	四	五	六	七	八	九	十	十一	十二
천 덕	丁	申	壬	辛	亥	甲	癸	寅	丙	乙	巳	庚
천 덕 합	壬	巳	丁	丙	寅	己	戊	亥	辛	庚	申	乙
월 덕	丙	甲	壬	庚	丙	甲	壬	庚	丙	甲	壬	庚
월 덕 합	辛	己	丁	乙	辛	己	丁	乙	辛	己	丁	乙

○ 황 도(黃道)

황도는 길하고 흑도(黑道)는 흉신이다. 보는 법은 月로 日辰을 대조하고, 또는 日辰으로 時를 대조한다. 이 황도는 천강(天罡)·하괴(河魁)의 흉살을 능히 제화(制化)하는 길신이다. 그리고 혼인시간 및 모든 행사의 좋은 時를 가리려면 이 황도시(黃道時)를 적용함이 좋다.

가령 正月(寅月)이면 子丑辰巳戌日은 황도일이고 그 외는 흑도의 흉신이다. 또는 寅日이면 子丑辰巳未戌時가 황도가 드는 길한 신간이다.

구분 月로日·日로時	寅	卯	辰	巳	午	未	申	酉	戌	亥	子	丑
청룡황동(靑龍黃道)	子	寅	辰	午	申	戌	子	寅	辰	午	申	戌
명당황도(明堂黃道)	丑	卯	巳	未	酉	亥	丑	卯	巳	未	酉	亥
천형흑도(天刑黑道)	寅	辰	午	申	戌	子	寅	辰	午	申	戌	子
주작흑도(朱雀黑道)	卯	巳	未	酉	亥	丑	卯	巳	未	酉	亥	丑
금궤황도(金櫃黃道)	辰	午	申	戌	子	寅	辰	午	申	戌	子	寅
대덕황도(大德黃道)	巳	未	酉	亥	丑	卯	巳	未	酉	亥	丑	卯
백호흑도(白虎黑道)	午	申	戌	子	寅	辰	午	申	戌	子	寅	辰
옥당황도(玉堂黃道)	未	酉	亥	丑	卯	巳	未	酉	亥	丑	卯	巳
천뇌흑도(天牢黑道)	申	戌	子	寅	辰	午	申	戌	子	寅	辰	午
현무흑도(玄武黑道)	酉	亥	丑	卯	巳	未	酉	亥	丑	卯	巳	未
사명황동(司命黃道)	戌	子	寅	辰	午	申	戌	子	寅	辰	午	申
구진흑도(句陣黑道)	亥	丑	卯	巳	未	酉	亥	丑	卯	巳	未	酉

④ 혼인에 꺼리는 날

다음과 같은 흉신일(凶神日)을 피한다.

월염(月厭)·염대(厭對)·천적(天賊)·수사(受使)·홍사(紅紗)·피마(披麻)·월살(月殺)·월파(月破)·매월 亥日, 남녀 본명일(本命日−가령 甲子生이면 甲子日)동지·하지 단오(端午)· 四月八日, 십악(十惡), 복단(伏斷), 화해(禍害), 절명일(絶命日), 천강(天罡), 하괴(河魁), 월기일(月忌日)

○ 천적·수사·홍사·피마·월살·월염· 염대·월파· 천강· 하괴일

이상 흉신의 정국은 아래와 같다.

흉신　　月別	正	二	三	四	五	六	七	八	九	十	十一	十二
천적(天賊)	辰	酉	寅	未	子	巳	戌	卯	申	丑	午	亥
수사(受死)	戌	辰	亥	巳	子	午	丑	未	寅	申	卯	酉
홍사(紅紗)	酉	巳	丑	酉	巳	丑	酉	巳	丑	酉	巳	丑
피마(披麻)	子	酉	午	卯	子	酉	午	卯	子	酉	午	卯
월살(月殺)	丑	戌	未	辰	丑	戌	未	辰	丑	戌	未	辰
월염(月厭)	戌	酉	申	未	午	巳	辰	卯	寅	丑	子	亥
염대(厭對)	辰	卯	寅	丑	子	亥	戌	酉	申	未	午	巳
월파(月破)	申	酉	戌	亥	子	丑	寅	卯	辰	巳	午	未
천강(天罡)	巳	子	未	寅	酉	辰	亥	午	丑	申	卯	戌
하괴(河魁)	亥	午	丑	申	卯	戌	巳	子	未	寅	酉	辰

월살(月殺)은 五合日이면 범해도 무방하고, 천강(天罡)·하괴(河魁)는 황도일(黃道日)과 같이 만나면 꺼리지 않는다.

○ 십악일(十惡日)

甲己年＝三月戊戌日, 七月癸亥日, 十月丙申日, 十一月丁亥日

乙庚年＝四月壬申日, 九月乙巳日

丙辛年＝三月辛巳日, 九月庚辰日

丁壬年＝없음　戊癸年＝六月丑日

○ 복단일(伏斷日)

이 복단일은 혼인 뿐 아니라 변소 짓고 젖떼는 일 이외는 백사 대흉하다. 다음과 같다.

子虛 丑斗 寅室 卯女 辰箕 巳房

午角 未張 申鬼 酉觜 戌胃 亥壁

가령 子日에 二十八宿의 虛宿과 같이 만나면 복단일인데 이를 다음과 같이 간단하게 나타낸다.

日 辰	子	丑	寅	卯	辰	巳	午	未	申	酉	戌	亥
요 일	日	木	火	土	水	日	木	月	金	火	土	水

가령 子日과 일요일이 같이 만나거나, 丑日에 木요일과 같이 만나면 복단일이 된다.

○ 월기일(月忌日)

매월 初五日 十四日 二十三日

이 월기일은 寅卯日과 같이 만나면 꺼리지 않는다.

○ 상부상처살(喪夫喪妻殺)

春-丙午·丁未日(상처)   冬-壬子·癸亥日(상부)

○ 고과살(孤寡殺)

亥子丑生 男은 寅日, 女는 戌日, 寅卯辰生 男은 巳日, 女는 丑日
巳午未生 男은 申日, 女는 辰日, 申酉戌生 男은 亥日, 女는 未日.

○ 가취대흉일(嫁聚大凶日)

春-甲子·乙丑日   夏-丙子·丁丑日   秋-庚子·辛丑日   冬-壬子·癸丑日

正五九月-庚日   二六十月-乙日   三七十一月-丙日   四八十二月-癸日

⑤ 혼인주당(婚姻周堂)

주당이 신랑이나 신부에 닿는 날은 혼인을 못한다. 만일 옹(翁)에 닿으면 신랑이 초례청에 처음 들어설 때 신부의 부친이 잠시 피하면 되고, 신부가 초례청에 처음 들어설때 신랑 부친이 잠시 피하면 된다. 고(姑)에[닿으면 신랑이 들어설 때 신부의 모친이 잠시 피하고, 신부가 들어설 때 신랑의 모친이 잠시 피하면 된다.

혼인일 구분	一 九 十七 二十五	二 十 十八 二十六	三 十一 十九 二十七	四 十二 二十 二十八	五 十三 二十一 二十九	六 十四 二十二 三十	七 十五 二十三	八 十六 二十四
大月(三 十 日)	夫	姑	堂	翁	第	竈	婦	廚
小月(二十九日)	婦	竈	第	翁	堂	姑	夫	廚

달이 크면(大月-三十日) 夫자에 一日을 붙여 시계방향으로 혼인 날자까지 돌려 짚고 달이 작으면(小月-二十九日) 婦자에 一日을 붙여 혼인 날자까지 돌려 짚는다.

당(堂)은 안방, 주(廚)는 부엌, 조(竈)는 부뜨막, 제(第)는 처마안의 모든 곳이니 모든 사람들이 이러한 곳에서 밖으로 나와 잠시 피하면 된다. 단 현재는 예식장에서 혼례식을 올리므로 참작하기 바란다.

⑥ 약혼에 좋은 날

아래 일진이나 길신에 약혼하거나 사주(四柱)또는 채단을 보내면 길하다.

乙丑 丙寅 丁卯 辛未 戊寅 己卯 庚辰 丙戌 戊子 己丑 庚寅 辛卯 壬辰 癸巳 乙未 戊戌 辛丑 壬寅 癸卯 甲辰 丙午 丁未 庚戌 壬子 癸丑 甲寅 乙卯 丙辰 丁巳 戊午 己未日과 황도 삼합 육합 오합 천덕 월덕 천월덕합 월은 천의 정·성·개일

(3) 생활택일(生活擇日)

제사(祭祀)와 고사(告祀)·기도(祈禱)

제사및 고사 그리고 기도 드리는데 좋은 날과 꺼리는 날은 아래와 같다.

○ 길일(吉日)

壬申 乙亥 丙子 丁丑 壬午 癸未 丁亥 己丑 辛卯 壬辰 甲午 乙未 丁酉 甲辰 戊申 壬子 乙卯 丙戌 戊午 壬戌 癸亥日및 황도·천은·천사 천덕 월덕·천월덕합일 모창·월재·생기 복덕 천의일(이상의 길신은 「신살정국」을 참고하라.)

○ 꺼리는 날

천구일(天狗日) 및 천구하식시(天狗下食時-子日亥時·丑日子時·寅日丑

時・卯日寅時・辰日卯時・　巳日辰時・午日巳時・未日午時・申日未時・酉日申時・戌日酉時・亥日戌時), 五日　十四日　二十三日, 천적・수사・복단일 화해 절명일

(복단일은 혼인문에 기록되어 있고 기타는 신살정국을 참고하라.)

[참고]

이하 모든 길신과 흉신 등은 아래기록하는 신산정국(神殺定局)을 참고하면 된다.

① 여　행(旅行)

좋은 날=甲子 乙丑 丙寅 丁卯 戊辰 庚午 辛未 甲戌 乙亥 丁丑 己卯 甲申 丙戌 己丑 庚寅 辛卯 甲午 乙未 庚子 辛丑 壬寅 癸卯 丙午 丁未 己酉 壬子 癸丑 甲寅 乙卯 庚申 辛酉 壬戌 癸亥日과 역마 월재 천월덕 생기 사상 건・만・성・개일

꺼리는 날=巳日 왕망・귀기・천적・수사・복단 위일(危日) 월기일

② 연　회(宴會)

회갑(回甲)・칠순(七旬)・팔순(八旬)・진갑(進甲) 및 기타의 경사에 날을 받아 손님들을 초대하여 잔치를 베풀고 주식(酒食)을 접대하는 행사를 말한다.

좋은 날=주인공의 생기・복덕 천의일, 천덕・월덕 천월덕합, 三合・五合, 천은・월은・정(定)・성(成)・만(滿)・개일(開日) 또는 甲子 乙丑 丙寅 丁卯 戊辰 己卯 庚辰 辛巳 壬午 癸未 己酉 庚戌 辛亥 壬子 癸丑日

꺼리는 날=酉日, 五日, 十四日 二十三日, 천적・수사 파일 수일 폐일 상삭 (上朔–甲年癸亥 乙年乙巳 丙年乙亥 丁年辛巳 戊年丁亥 己年癸巳 庚年己亥 辛年乙巳 壬年 辛亥 癸年 丁巳日)

③ 이　사(移徙)

좋은 날=甲子 乙丑 丙寅 丁卯 己巳 庚午 甲戌 乙亥 丁丑 癸未 甲申 庚寅 壬辰 庚子 壬寅 癸卯 丙午 丁未 庚戌 癸丑 甲寅 乙卯 庚申 辛酉日 및 천덕월덕 천월덕합 천은 황도 모창 역마 월은 사상 만・성・개일

꺼리는 날=복단・천적・수사・귀기・왕망・본명(本命– 甲子生이 甲子日)・건・파・명・수일

손(太白殺)보는 법=一・二日은 東, 三・四日은 南, 五・六日은 西, 七・八

-44-

日은 北, 九·十日은 없음.

○ 이사방위법

천록방(天祿方)은 관직에 길하고, 안손방(眼損方)은 눈병과 손재가 있고, 식신방(食神方)은 재산이 늘고, 증파방(甑破方)은 손재와 가정풍파가 일어나고, 오귀방(五鬼方)은 질병과 우환횡액이 생기고, 합식방(合食方)은 사업이 번창하고, 진귀방(進鬼方)은 괴변과 우환이 발생하고 관인방(官印方)은 관록이 오르거나 관직을 얻게 되고, 퇴식방(退食方)은 재물이 나가고 사업이 안된다.

아래는 이사방위를 쉽게 보는 표이니 남녀 구분하여 연령을 찾아 참고하라.

남자의 연령	방 위 보 는 곳									여자의 연령
	正東	東南	正南	西南	中央	正西	西北	正北	東北	
9 18 27 36 45 54 63 72 81	퇴식	천록	합식	관인	안손	증파	식신	진귀	오귀	10 19 28 37 46 55 64 73 1
8 17 26 35 44 53 62 71 80	관인	퇴식	오귀	진귀	천록	식신	안손	합식	증파	9 18 27 36 45 54 63 72 81
7 16 25 34 43 52 61 70 79	진귀	관인	증파	합식	퇴식	안손	천록	오귀	식신	8 17 26 35 44 53 62 71 80
6 15 24 33 42 51 60 69 78	합식	진귀	식신	오귀	관인	천록	퇴식	증파	안손	7 16 25 34 43 52 61 70 79
5 14 23 32 41 50 59 68 77	오귀	합식	안손	증파	진귀	퇴식	관인	식신	천록	6 15 24 33 42 51 60 69 78
4 13 22 31 40 49 58 67 76	증파	오귀	천록	식신	합식	관인	진귀	안손	퇴식	5 14 23 32 41 50 59 68 77
3 12 21 30 39 48 57 66 75	식신	증파	퇴식	안손	오귀	진귀	합식	천록	관인	4 13 22 31 40 49 58 67 76
2 11 20 29 38 47 56 65 74	안손	식신	관인	천록	증파	합식	오귀	퇴식	진귀	3 12 21 30 39 48 57 66 75
1 10 19 28 37 46 55 64 73	천록	안손	진귀	퇴식	식신	오귀	증파	관인	합식	2 11 20 29 38 47 56 65 74

④ 개업일(開業日)

좋은 날＝甲子 乙丑 丙寅 己巳 庚午 辛未 甲戌 乙亥 丙子 己卯 壬午 癸未 甲申 庚寅 辛卯 乙未 己亥 庚子 癸卯 丙午 壬子 甲寅 乙卯 己未 庚申 申酉日 및 천덕월덕·천은·월은 ·월재·역마·삼합·오합·육합·정(定) ·만(滿)·성(成)·개일(開日)

꺼리는 날＝천적·복단 월파·폐일·대소모(大小耗－春：壬子日, 夏：丙

－45－

戌·乙卯日, 秋：辛丑·戊午日, 冬：壬辰：辛酉日） 또는 春에 己酉日, 夏에
甲子日, 秋에 辛卯日, 冬에 壬辰日

9. 기조문(起造門)

(1) 성조운(成造運)

성조운이란 어느 나이에 집을 지면 좋고 나쁘며, 어느 해에 어떤 좌향(坐
向)을 놓으면 좋으며, 또는 어느 생(生)이 어느 해에 집을 짓는 운이 맞는가
등을 보는 법이다.

① 나이로 운을 본다.

연령 一세를 곤궁(坤宮)에 붙여 八方을 순서로 배치하되 단 五세와 五十
세는 中宮에 넣고 다음 순서가 나이로 닿는 곳이 감(坎)·이(離)·진(震)·
태(兌)에 들면 성조 대길하여 중궁(中宮-齎四角)이나 간궁(艮宮-自四角)에
들면 대흉하며 건궁(乾宮)에 들면 부모사각(父母四角)이니 부모가 안계시면
집을 지어도 무방하고 곤궁(坤宮)에 들면 처자사각(妻子四角)이니 처자에게
흉하고 (처자가 없으면 무방) 손궁(巽宮)에 들면 우마시각(牛馬四角)이니
이 나이에 측사(畜舍)를 짓지 아니한다.

午馬 四角 8 17 26 34 43 53 62	(吉)9 18 27 36 44 54 63	妻子 四角 1 10 19 28 37 46 56 64
(吉)7 16 24 33 42 52 61 70	齎四 5 15 25 35 45 50 角凶 55 65 75	(吉)2 11 20 29 38 47 57 66
自四 角凶 6 14 23 32 41 51 60 69	(吉)4 13 22 31 40 49 59 68	父母 四角 3 12 21 30 39 48 58 67

② 생(生)으로 운을 본다.

亥子生-甲己丁壬戊癸年吉,　　丑寅年-丙辛丁壬戊癸年吉,
卯辰生-乙庚丙辛丁壬年吉,　　巳午生-甲己乙庚丙辛年吉,
未申生-甲己乙庚戊癸年吉,　　酉戌生-甲己乙庚戊癸年吉

③ 좌향(坐向)으로 운을 본다.

子午卯酉年-辰戌丑未乙辛丁癸坐向吉
辰戌丑未年-寅申巳亥艮坤乾巽坐向吉
寅申巳亥年-子午卯酉壬丙庚甲坐向吉
艮寅乙辰丙午坤申辛戌壬子坐向-子寅辰午申戌 年月日時吉
甲卯巽巳丁未庚酉乾亥癸丑坐向-丑卯巳未酉亥 年月日時吉

④ 수조길년(修造吉年)

이는 나이와 좌향에 관계없이 (물론 右의 성조운을 맞춘다) 집 짓고 수리 하는데 좋은 해다.

乙丑 戊辰 庚午 丙戌 己丑 庚寅 辛卯 癸巳 乙酉 乙未 戊戌 庚子 乙卯 丙辰 己未 庚申 辛酉 癸亥年吉

⑤ 날짜 가리는 법

집 짓고 수리하고 흙 붙이는 등의 일에 좋은 날은 아래와 같다.

甲子 乙丑 丙寅 己巳 庚午 辛未 癸酉 甲戌 乙亥 丙子 丁丑 癸未 甲申 丙戌 庚寅 壬辰 乙未 丁酉 庚子 壬寅 癸卯 丙午 丁未 癸丑 甲寅 丙寅 己未및 대공 망일(大空七日-乙丑 甲戌 乙亥 癸未 甲申 乙酉 壬辰 癸巳 甲午 壬寅 癸卯 壬子日) 황도, 월공, 천월덕, 천은 사상 생기 옥우 금당, 천룡, 지아일

꺼리는 날=천적 토온 토기 토금 토부 자랑 전살 건(建), 파(破), 수일(收 日) 빙소와해(氷消瓦解) 천화일(天火日) 월파일(月破日)

⑥ 수리하거나 달아내는데 어느 방위를 손대지 못하는가

대장군방(大將軍方), 삼살상(三殺方), 테세방(太歲方), 세파방(歲破方), 신황(身皇), 정명방(定明方)

이상의 살방(殺方)은 아래와 같다.

○ 대장군, 삼살, 태세, 세파방

구분 연지	子	丑	寅	卯	辰	巳	午	未	申	酉	戌	亥
대장군방	酉	酉	子	子	子	卯	卯	卯	午	午	午	酉
삼 살 방	巳 午 未	寅 卯 辰	亥 子 丑	申 酉 戌	巳 午 未	寅 卯 辰	亥 子 丑	申 酉 戌	巳 午 未	寅 卯 辰	亥 子 丑	申 酉 戌
태 세 방	子	丑	寅	卯	辰	巳	午	未	申	酉	戌	亥
세 파 방	午	未	申	酉	戌	亥	子	丑	寅	卯	辰	巳

가령 테세가 子年이라면 酉方이 대장군방, 巳午未가 삼살방, 子方이 테세, 午方이 '세파방이니 酉, 巳午未子午方을 손대지 못한다.

-47-

○ 신황(身皇), 정명살(定明殺)

三元 구분 연령　　남녀	上元				中元				下元			
	身皇		定名		身皇		定明		身皇		定明	
	남	여	남	여	남	여	남	여	남	여	남	여
1 10 19 28 37 46 55 64 73	艮	中	坤	中	中	艮	中	坤	坤	坤	艮	艮
2 11 20 29 38 47 56 65 74	離	巽	坎	乾	乾	兌	巽	震	震	坎	兌	離
3 12 21 30 39 48 57 66 75	坎	震	離	兌	兌	乾	震	巽	巽	離	乾	坎
4 13 22 31 40 49 58 67 76	坤	坤	艮	艮	艮	中	坤	中	中	艮	中	坤
5 14 23 32 41 50 59 68 77	震	坎	兌	離	離	巽	坎	乾	乾	兌	巽	震
6 15 24 33 42 51 60 69 78	巽	離	乾	坎	坎	震	離	兌	兌	乾	震	巽
7 16 25 34 43 52 61 70 79	中	艮	中	坤	坤	坤	艮	艮	艮	中	坤	中
8 17 26 35 44 53 62 71 80	乾	兌	巽	震	震	坎	兌	離	離	巽	坎	乾
9 18 27 36 45 54 63 72 81	兌	乾	震	巽	巽	離	乾	坎	坎	震	離	兌

가령 中元의 남자 一세 十세 十九세 등은 中이 신황, 정명이오, 여자라면 艮方이 신황, 坤方이 정명살이다.

○ 上元＝一八六四年～一九二三年사이 출생한 者

○ 中元＝一九二四年～一九八三年사이 출생한 者

○ 下元＝一九八四年이후 출생한 者

10. 택일신살정국(擇日神殺定局)

황도(黃道), 천은(天恩), 대명(大明), 천사(天赦), 모창상길일(母倉上吉日), 천롱(天聾), 지아일(地啞日)과 복단일(伏斷日), 월기일(月忌日)은 위 혼인문(婚姻門)에서 참고 할것이며 기타는 아래에 수록한다.

① 세신정국(歲神定局)

세신(歲神)이란 태세(太歲)를 기준한 길흉신이니 아래와 같다.

구분		歲支 子	丑	寅	卯	辰	巳	午	未	申	酉	戌	亥	비 고
吉神	天德合 천덕합	巽	庚	丁	坤	壬	辛	乾	甲	癸	艮	丙	乙	백사에 대길
	天德合 세월덕	申	乙	壬	巳	丁	丙	寅	己	戊	亥	辛	庚	우 동
	歲月德 세월덕	壬	庚	丙	甲	壬	庚	丙	甲	壬	庚	丙	甲	우 동
	月德合 월덕합	丁	乙	辛	己	丁	乙	辛	己	丁	乙	辛	己	양택 음택에 모두 길함
	驛馬 역마	寅	亥	申	巳	寅	亥	申	巳	寅	亥	申	巳	출행,이사,상업 및 매사에 길
凶神	大將軍 대장군	酉	酉	子	子	子	卯	卯	卯	午	午	午	酉	흙다루고 집고치 는 일을꺼림
	劫殺 겁살	巳	寅	亥	申	巳	寅	亥	申	巳	寅	亥	酉	양택 음택에 모 두 꺼림(三殺)
	災殺 재살	午	卯	子	酉	午	卯	子	酉	午	卯	子	酉	上　同(三殺)
	歲殺 세살	未	辰	丑	戌	未	辰	丑	戌	未	辰	丑	戌	上　同(三殺)
	坐殺 좌살	丁丙	乙甲	癸壬	辛庚	丁丙	乙甲	癸壬	辛庚	丁丙	乙甲	癸壬	辛庚	묘나 가옥의 坐 를 놓지 아니함
	向殺 향살	癸壬	辛庚	丁丙	乙甲	癸壬	辛庚	丁丙	乙甲	癸壬	辛庚	丁丙	乙甲	묘나 가옥의 向 을 놓지 아니함
	喪門 상문	寅	卯	辰	巳	午	未	申	酉	戌	亥	子	丑	여행 이사 및 상청설치를 꺼림
	弔客 조객	戌	亥	子	丑	寅	卯	辰	巳	午	未	申	酉	上　同
	歲破 세파	午	未	申	酉	戌	亥	子	丑	寅	卯	辰	巳	가옥수리및 묘의 坐놓은 것을꺼림

② 월가길신(月家吉神)

월간길신이란 月을 기준하여 정해지는 길신(吉神)인데 아래와 같다.

구분	月別 正	二	三	四	五	六	七	八	九	十	十一	十二	비 고
天德 천덕	丁	申	壬	辛	亥	甲	癸	寅	丙	乙	巳	庚	造葬 및 上官百事에 다 형통
天德合 천덕합	壬	巳	丁	丙	寅	己	戊	亥	辛	庚	申	乙	이 방위에 집 수리 하면 만복이 이룸

	正	二	三	四	五	六	七	八	九	十	十一	十二	비 고
月德 월덕	丙	甲	壬	庚	丙	甲	壬	庚	丙	甲	壬	庚	천덕과 동일
月德合 월덕합	辛	己	丁	乙	辛	己	丁	乙	辛	己	丁	乙	월덕과 동일
月空 월공	壬	庚	丙	甲	壬	庚	丙	甲	壬	庚	丙	甲	집고치고, 벼술구 하는일에 길함
月恩 월은	丙	丁	庚	己	戊	辛	壬	癸	庚	乙	甲	辛	진정서, 소장, 민원서 제출에 좋음
月財 월재	九	三	四	二	七	六	九	三	四	二	七	六	이사, 안장에 사용하면 재물이 따름
生氣 생기	戌	亥	子	丑	寅	卯	辰	巳	午	未	申	酉	만사에 길, 天喜라고도 한다.
天醫 천의	丑	寅	卯	辰	巳	午	未	申	酉	戌	亥	子	병 고치고 침 맞고 치료하는데 대길
解神 해신	申	申	戌	戌	子	子	寅	寅	辰	辰	午	午	모든 흉살을 해제시켜 준다.
五富 오부	亥	寅	巳	申	亥	寅	巳	申	亥	寅	巳	申	집 짓고 수리하고, 안장하는데 길함
金堂 금당	辰	戌	巳	亥	午	子	未	丑	申	寅	酉	卯	집터 닦고 수리하고, 안택하고사에 길함
益後 익후	子	午	丑	未	寅	申	卯	酉	辰	戌	巳	亥	의 자녀를 세우거나 양자 정하는데 길
續世 속세	丑	未	寅	申	卯	酉	辰	戌	巳	亥	午	子	上 同
驛馬 역마	申	巳	寅	亥	申	巳	寅	亥	申	巳	寅	亥	출행 행선 이사 사업 등에 길함
天赦神 천사신	戌	丑	辰	未	戌	丑	辰	未	戌	丑	辰	未	모든죄를 사하여 줌
三合 삼합	戌午	亥未	子申	丑酉	寅戌	卯亥	辰子	巳丑	午寅	未卯	申辰	酉巳	약혼 계약 면회 등에 길함
六合 육합	亥	戌	酉	申	未	午	巳	辰	卯	寅	丑	子	우 동

③ 월가흉신(月家凶神)

달에 의한 흉신정국(凶神定局)은 아래와 같다.

月別 구분	正	二	三	四	五	六	七	八	九	十	十一	十二	비 고
天罡 천강	巳	子	未	寅	酉	辰	亥	午	丑	申	卯	戌	매사흉이나 황도일이면 무방함
河魁 하괴	亥	午	丑	申	卯	戌	巳	子	未	寅	酉	辰	위와 같음
地破 지파	亥	子	丑	寅	卯	辰	巳	午	未	申	酉	戌	흙 다루고 광중짓는 것을 꺼림

⑤ 사사흉신(四時凶神)

구분 四時	春	夏	秋	冬	구분 四時	春	夏	秋	冬
正 四 廢 정 사 폐	庚辛 申酉	壬癸 子亥	甲乙 寅卯	丁丙 巳午	天地轉殺 천지전살	卯	午	酉	子
傍 四 廢 방 사 폐	庚申 辛酉	壬子 癸亥	甲寅 乙卯	丙午 丁巳	天轉地轉 천전지전	乙卯 辛卯	丙午 戊午	辛酉 癸酉	壬子 丙子
四時大耗 사시대모	乙未	丙戌	辛丑	壬辰	劍鋒殺 검봉살	酉	子	卯	午
四時小耗 사시소모	壬子	乙卯	戊午	辛酉	四 虛 敗 사 허 패	巳酉	甲乙	辛卯	庚午

○ 사　리(四離)

춘분, 하지, 추분, 동지, 전날(前日)

○ 사　절(四節)

입춘, 입하, 입추, 입동, 전일(前日)

⑥ 천상천하대공망일(天上天下大空亡日)

乙丑 甲戌 乙亥 癸未 甲申 乙酉 壬辰 癸巳 甲午 壬寅 癸卯 壬子

⑦ 기왕망일(氣往亡日)

이 날은 백사에 불리라 한다.

입춘후 七日, 경칩후 十四日, 청명후 二十一日, 입하후 八日, 망종후 十六日, 소서후 二十四日.

입추후 九日, 백로후 十八日, 한로후 二十七日, 입동후 十日, 대설후 二十日, 소한후 三十日.

⑧ 백기일(百忌日)

甲不開倉＝甲日에는 창고를 열어 재곡(財穀)을 출납하지 않는다.

乙不栽植＝乙日에는 나무를 심거나 묘목을 옮겨 심지 아니한다.

丙不修竈＝丙日에는 부뜨막을 고치지 아니한다.

丁不剃頭＝丁日에는 머리를 자르거나 이미용(理美容)을 아니한다.

戊不受田＝戊日에는 토지를 상속받거나 매입하지 않는다.

己不破卷＝己日에는 문서나 책 따위를 불태우거나 찟지 아니한다.

庚不經絡＝庚日에는 침(鍼)을 맞거나 뜸을 뜨거나 주사를 맞지 않는다.

辛不造醬＝辛日에는 간장 고추장 등을 담그지 아니한다.

壬不決水＝壬日에는 물길을 막지 아니한다.

癸不詞訟＝癸日에는 소장(訴狀)을 내지 아니한다.

子下問卜＝子日에는 점(占)을 묻지 아니한다.

丑不冠帶＝丑日에는 관례(冠禮)를 행하지 않는다.

寅不祭祀＝寅日에는 기일제(忌日祭)이외는 제사나 고사를 지내지 않는다.

卯下穿井＝卯日에는 우물을 파지 아니한다.

辰下哭泣＝辰日에는 졸곡(卒哭) 전이라도 곡(哭)소리를 내지 않는다.

巳不遠行＝巳日에는 먼 길 출생을 아니한다.

午不苫盖＝午日에는 지붕을 덮지 아니한다.

未不服藥＝未日에는 약을 달여먹지 아니한다.

申不安床＝申日에는 침상(寢床)을 설치하지 않는다.

戌不乞狗＝戌日에는 개를 들이지 아니한다.

亥不嫁娶＝亥日에는 혼례식을 올리지 아니한다.

◈ 편 저 ◈
김 용 호(한국명리학협회 이사장)

◈ 저 서 ◈
사주추명학
지리대전(공저)
마의상법(공저)
사주기문둔갑대전
12지띠로 평생운세를 본다 외 다수

복덩이 남녀 맞는 **궁합보기**　　정가 14,000원

2015年 7月　05日 인쇄
2015年 7月　10日 발행

편 저 : 김 용 호
발행인 : 김 현 호
발행처 : 법문 북스
공급처 : 법률미디어

152-050
서울 구로구 경인로 54길 4
TEL : (대표) 2636-2911, FAX : 2636~3012
등록 : 1979년 8월 27일 제5-22호
Home : www.lawb.co.kr

❚ ISBN 978-89-7535-321-5 93180
❚ 파본은 교환해 드립니다.